妇女权益保障法一本通

法规应用研究中心 编

中国法制出版社
CHINA LEGAL PUBLISHING HOUSE

图书在版编目（CIP）数据

妇女权益保障法一本通 / 法规应用研究中心编 . —北京：中国法制出版社，2022. 12
（法律一本通；32）
ISBN 978-7-5216-2998-9

Ⅰ. ①妇… Ⅱ. ①法… Ⅲ. ①妇女权益保障法-基本知识-中国 Ⅳ. ①D922. 74

中国版本图书馆 CIP 数据核字（2022）第 206705 号

责任编辑：黄会丽　　封面设计：杨泽江

妇女权益保障法一本通

FUNÜ QUANYI BAOZHANGFA YIBENTONG

编者/法规应用研究中心
经销/新华书店
印刷/三河市国英印务有限公司
开本/880 毫米×1230 毫米　32 开　　印张/ 7. 25　字数/ 166 千
版次/2022 年 12 月第 1 版　　2022 年 12 月第 1 次印刷

中国法制出版社出版
书号 ISBN 978-7-5216-2998-9　　定价：39. 00 元

北京市西城区西便门西里甲 16 号西便门办公区
邮政编码：100053　　传真：010-63141600
网址：http：//www. zgfzs. com　　**编辑部电话：010-63141785**
市场营销部电话：010-63141612　　**印务部电话：010-63141606**

（如有印装质量问题，请与本社印务部联系。）

编辑说明

“法律一本通”系列丛书自2005年出版以来，以其科学的体系、实用的内容，深受广大读者的喜爱。2007年、2011年、2014年、2016年、2018年、2019年、2021年我们对其进行了改版，丰富了其内容，增强了其实用性，博得了广大读者的赞誉。

我们秉承“以法释法”的宗旨，在保持原有的体例之上，今年再次对“法律一本通”系列丛书进行改版，以达到“应办案所需，适学习所用”的目标。新版丛书具有以下特点：

1. 丛书以主体法的条文为序，逐条穿插关联的现行有效的法律、行政法规、部门规章、司法解释、请示答复和部分地方规范性文件，以方便读者理解和适用。

2. 丛书紧扣实践和学习两个主题，在目录上标注了重点法条，并在某些重点法条的相关规定之前，对收录的相关文件进行分类，再按分类归纳核心要点，以便读者最便捷地查找使用。

3. 丛书紧扣法律条文，在主法条的相关规定之后附上案例指引，收录最高人民法院、最高人民检察院指导性案例、公报案例以及相关机构公布的典型案例的裁判摘要、案例要旨或案情摘要等。通过相关案例，可以进一步领会和把握法律条文的适用，从而作为解决实际问题的参考。并对案例指引制作索引目录，方便读者查找。

4. 丛书以脚注的形式，对各类法律文件之间或者同一法律文件不同条文之间的适用关系、重点法条疑难之处进行说明，以便读者系统地理解我国现行各个法律部门的规则体系，从而更好地为教学科研和司法实践服务。

5. 丛书结合二维码技术的应用为广大读者提供增值服务，扫描前勒口二维码，即可免费部分使用中国法制出版社推出的【法融】数据库。【法融】数据库中“国家法律法规”栏目便于读者查阅法律文件准确全文及效力的同时，更有部分法律文件权威英文译本等独家资源分享。“最高法指导案例”和“最高检指导案例”两个栏目提供最高人民法院和最高人民检察院指导性案例的全文，为读者提供更多增值服务。

中国法制出版社

2022年12月

目　录

第一章　总　　则

第二章　政治权利

第三章　人身和人格权益

第四章 文化教育权益

第五章 劳动和社会保障权益

第六章 财产权益

第七章 婚姻家庭权益

第八章　救济措施

第九章　法律责任

案例索引目录

中华人民共和国妇女权益保障法

（1992年4月3日第七届全国人民代表大会第五次会议通过　根据2005年8月28日第十届全国人民代表大会常务委员会第十七次会议《关于修改〈中华人民共和国妇女权益保障法〉的决定》第一次修正　根据2018年10月26日第十三届全国人民代表大会常务委员会第六次会议《关于修改〈中华人民共和国野生动物保护法〉等十五部法律的决定》第二次修正　2022年10月30日第十三届全国人民代表大会常务委员会第三十七次会议修订）

目　　录

第一章　总　　则

第一条　立法目的①

为了保障妇女的合法权益，促进男女平等和妇女全面发展，充分发挥妇女在全面建设社会主义现代化国家中的作用，弘扬社会主义核心价值观，根据宪法，制定本法。

● 宪　法

1.《宪法》（2018 年 3 月 11 日）②

第 48 条　中华人民共和国妇女在政治的、经济的、文化的、社会的和家庭的生活等各方面享有同男子平等的权利。

国家保护妇女的权利和利益，实行男女同工同酬，培养和选拔妇女干部。

● 行政法规及文件

2.《中国妇女发展纲要（2021–2030）》（2021 年 9 月 8 日）

一、指导思想、基本原则和总体目标

（一）指导思想。

高举中国特色社会主义伟大旗帜，深入贯彻党的十九大和十九届二中、三中、四中、五中全会精神，坚持以马克思列宁主义、毛泽东思想、邓小平理论、“三个代表”重要思想、科学发展观、习近平新时代中国特色社会主义思想为指导，坚定不移贯彻新发展理念，坚持以人民为中心的发展思想，坚持走中国特色社会主义妇女发展道路，贯彻落实男女平等基本国策，不断完善

---

① 条文主旨为编者所加，全书同。

② 本书法律文件使用简称，以下不再标注。本书所标规范性文件的日期为该文件的通过、发布、修订后公布、实施日期之一。以下不再标注。

促进男女平等和妇女全面发展的制度机制，推动性别平等成为全社会共同遵循的行为规范和价值标准，充分发挥妇女在全面建设社会主义现代化国家中的“半边天”作用，保障妇女平等依法行使民主权利、平等参与经济社会发展、平等享有改革发展成果，推动妇女走在时代前列。

第二条 男女平等与妇女依法特殊保护

男女平等是国家的基本国策。妇女在政治的、经济的、文化的、社会的和家庭的生活等各方面享有同男子平等的权利。

国家采取必要措施，促进男女平等，消除对妇女一切形式的歧视，禁止排斥、限制妇女依法享有和行使各项权益。

国家保护妇女依法享有的特殊权益。

宪 法

1.《宪法》（2018 年 3 月 11 日）

第 48 条 中华人民共和国妇女在政治的、经济的、文化的、社会的和家庭的生活等各方面享有同男子平等的权利。

国家保护妇女的权利和利益，实行男女同工同酬，培养和选拔妇女干部。

法 律

2.《民法典》（2020 年 5 月 28 日）

第 128 条 法律对未成年人、老年人、残疾人、妇女、消费者等的民事权利保护有特别规定的，依照其规定。

第 1041 条 婚姻家庭受国家保护。

实行婚姻自由、一夫一妻、男女平等的婚姻制度。

保护妇女、未成年人、老年人、残疾人的合法权益。

第 1055 条 夫妻在婚姻家庭中地位平等。

3.《**地方各级人民代表大会和地方各级人民政府组织法**》（2022年3月11日）

第11条　县级以上的地方各级人民代表大会行使下列职权：

……

（十五）保障宪法和法律赋予妇女的男女平等、同工同酬和婚姻自由等各项权利。

第12条　乡、民族乡、镇的人民代表大会行使下列职权：

……

（十四）保障宪法和法律赋予妇女的男女平等、同工同酬和婚姻自由等各项权利。

……

第73条　县级以上的地方各级人民政府行使下列职权：

……

（十）保障宪法和法律赋予妇女的男女平等、同工同酬和婚姻自由等各项权利；

……

第76条　乡、民族乡、镇的人民政府行使下列职权：

……

（六）保障宪法和法律赋予妇女的男女平等、同工同酬和婚姻自由等各项权利；

……

4.《**科学技术进步法**》（2021年12月24日）

第66条　青年科学技术人员、少数民族科学技术人员、女性科学技术人员等在竞聘专业技术职务、参与科学技术评价、承担科学技术研究开发项目、接受继续教育等方面享有平等权利。鼓励老年科学技术人员在科学技术进步中发挥积极作用。

各级人民政府和企业事业单位应当为青年科学技术人员成长创造环境和条件，鼓励青年科学技术人员在科技领域勇于探索、敢于尝试，充分发挥青年科学技术人员的作用。发现、培养和使用青年科学技术人员的情况，应当作为评价科学技术进步工作的重要内容。

各级人民政府和企业事业单位应当完善女性科学技术人员培养、评价和激励机制，关心孕哺期女性科学技术人员，鼓励和支持女性科学技术人员在科学技术进步中发挥更大作用。

5.《乡村振兴促进法》（2021 年 4 月 29 日）

第 30 条　各级人民政府应当采取措施丰富农民文化体育生活，倡导科学健康的生产生活方式，发挥村规民约积极作用，普及科学知识，推进移风易俗，破除大操大办、铺张浪费等陈规陋习，提倡孝老爱亲、勤俭节约、诚实守信，促进男女平等，创建文明村镇、文明家庭，培育文明乡风、良好家风、淳朴民风，建设文明乡村。

6.《村民委员会组织法》（2018 年 12 月 29 日）

第 9 条　村民委员会应当宣传宪法、法律、法规和国家的政策，教育和推动村民履行法律规定的义务、爱护公共财产，维护村民的合法权益，发展文化教育，普及科技知识，促进男女平等，做好计划生育工作，促进村与村之间的团结、互助，开展多种形式的社会主义精神文明建设活动。

村民委员会应当支持服务性、公益性、互助性社会组织依法开展活动，推动农村社区建设。

多民族村民居住的村，村民委员会应当教育和引导各民族村民增进团结、互相尊重、互相帮助。

行政法规及文件

7.《全国年节及纪念日放假办法》（2013 年 12 月 11 日）

第 3 条　部分公民放假的节日及纪念日：

（一）妇女节（3 月 8 日），妇女放假半天；

……

8.《中国妇女发展纲要（2021-2030）》（2021 年 9 月 8 日）

一、指导思想、基本原则和总体目标

（二）基本原则。

3. 坚持男女两性平等发展。贯彻落实男女平等基本国策，在出台法律、制定政策、编制规划、部署工作时充分考虑两性的现实差异和妇女的特殊利益，营造更加平等、包容、可持续的发展环境，缩小男女两性发展差距。

（三）总体目标。

男女平等基本国策得到深入贯彻落实，促进男女平等和妇女全面发展的制度机制创新完善。妇女平等享有全方位全生命周期健康服务，健康水平持续提升。妇女平等享有受教育权利，素质能力持续提高。妇女平等享有经济权益，经济地位稳步提升。妇女平等享有政治权利，参与国家和经济文化社会事务管理的水平逐步提高。妇女平等享有多层次可持续的社会保障，待遇水平稳步提高。支持家庭发展的法规政策体系更加完善，社会主义家庭文明新风尚广泛弘扬。男女平等理念更加深入人心，妇女发展环境更为优化。法治体系更加健全，妇女合法权益得到切实保障。妇女的获得感、幸福感、安全感显著提升。展望 2035 年，与国家基本实现社会主义现代化相适应，男女平等和妇女全面发展取得更为明显的实质性进展，妇女更好地担负起新时代赋予的光荣使命，为实现中华民族伟大复兴的中国梦而不懈奋斗。

第三条 妇女权益保障工作领导和工作机制

坚持中国共产党对妇女权益保障工作的领导，建立政府主导、各方协同、社会参与的保障妇女权益工作机制。

各级人民政府应当重视和加强妇女权益的保障工作。

县级以上人民政府负责妇女儿童工作的机构，负责组织、协调、指导、督促有关部门做好妇女权益的保障工作。

县级以上人民政府有关部门在各自的职责范围内做好妇女权益的保障工作。

法 律

1.《地方各级人民代表大会和地方各级人民政府组织法》（2022年3月11日）

第73条 县级以上的地方各级人民政府行使下列职权：

……

（十）保障宪法和法律赋予妇女的男女平等、同工同酬和婚姻自由等各项权利；

……

2.《反家庭暴力法》（2015年12月27日）

第4条 县级以上人民政府负责妇女儿童工作的机构，负责组织、协调、指导、督促有关部门做好反家庭暴力工作。

县级以上人民政府有关部门、司法机关、人民团体、社会组织、居民委员会、村民委员会、企业事业单位，应当依照本法和有关法律规定，做好反家庭暴力工作。

各级人民政府应当对反家庭暴力工作给予必要的经费保障。

行政法规及文件

3.《城市生活无着的流浪乞讨人员救助管理办法》（2003年6月20日）

第14条 县级以上人民政府民政部门应当加强对救助站工作人员的教育、培训和监督。

救助站工作人员应当自觉遵守国家的法律法规、政策和有关规章制度，不准拘禁或者变相拘禁受助人员；不准打骂、体罚、虐待受助人员或者唆使他人打骂、体罚、虐待受助人员；不准敲诈、勒索、侵吞受助人员的财物；不准克扣受助人员的生活供应品；不准扣压受助人员的证件、申诉控告材料；不准任用受助人员担任管理工作；不准使用受助人员为工作人员干私活；不准调戏妇女。

违反前款规定，构成犯罪的，依法追究刑事责任；尚不构成犯罪的，依法给予纪律处分。

4. **《中国妇女发展纲要（2021-2030）》**（2021 年 9 月 8 日）

一、指导思想、基本原则和总体目标

（二）基本原则。

1. 坚持党的全面领导。坚持妇女事业发展的正确政治方向，贯彻落实党中央关于妇女事业发展的决策部署，切实把党的领导贯穿到妇女事业发展的全过程和各方面。

三、组织实施

（一）坚持党的全面领导。坚持以习近平新时代中国特色社会主义思想为指导，坚持以人民为中心的发展思想，坚持走中国特色社会主义妇女发展道路，把党的领导贯穿于纲要组织实施全过程。贯彻党中央关于妇女事业发展的决策部署，坚持和完善促进男女平等和妇女全面发展的制度机制，在统筹推进“五位一体”总体布局、协调推进“四个全面”战略布局中推进纲要实施。

（二）落实纲要实施责任。完善落实党委领导、政府主责、妇儿工委协调、多部门合作、全社会参与的纲要实施工作机制。国务院及地方各级人民政府负责纲要实施工作，各级妇儿工委负责组织、协调、指导、督促工作，各级妇儿工委办公室负责具体工作。有关部门、相关机构和人民团体结合职责，承担纲要相关目标任务落实工作。在出台法律、制定政策、编制规划、部署工作时贯彻落实男女平等基本国策，切实保障妇女合法权益，促进妇女全面发展。

第四条 保障妇女合法权益

保障妇女的合法权益是全社会的共同责任。国家机关、社会团体、企业事业单位、基层群众性自治组织以及其他组织和个人，应当依法保障妇女的权益。

国家采取有效措施，为妇女依法行使权利提供必要的条件。

宪 法

1. **《宪法》**（2018 年 3 月 11 日）

第 49 条　婚姻、家庭、母亲和儿童受国家的保护。

夫妻双方有实行计划生育的义务。

父母有抚养教育未成年子女的义务，成年子女有赡养扶助父母的义务。

禁止破坏婚姻自由，禁止虐待老人、妇女和儿童。

法 律

2. **《民法典》**（2020 年 5 月 28 日）

第 1041 条　婚姻家庭受国家保护。

实行婚姻自由、一夫一妻、男女平等的婚姻制度。

保护妇女、未成年人、老年人、残疾人的合法权益。

3. **《职业教育法》**（2022 年 4 月 20 日）

第 10 条第 5 款　国家保障妇女平等接受职业教育的权利。

4. **《地方各级人民代表大会和地方各级人民政府组织法》**（2022 年 3 月 11 日）

第 73 条　县级以上的地方各级人民政府行使下列职权：

……

（十）保障宪法和法律赋予妇女的男女平等、同工同酬和婚姻自由等各项权利；

……

第76条 乡、民族乡、镇的人民政府行使下列职权：

……

（六）保障宪法和法律赋予妇女的男女平等、同工同酬和婚姻自由等各项权利；

……

5. **《工会法》**（2021年12月24日）

第11条 用人单位有会员二十五人以上的，应当建立基层工会委员会；不足二十五人的，可以单独建立基层工会委员会，也可以由两个以上单位的会员联合建立基层工会委员会，也可以选举组织员一人，组织会员开展活动。女职工人数较多的，可以建立工会女职工委员会，在同级工会领导下开展工作；女职工人数较少的，可以在工会委员会中设女职工委员。

企业职工较多的乡镇、城市街道，可以建立基层工会的联合会。

县级以上地方建立地方各级总工会。

同一行业或者性质相近的几个行业，可以根据需要建立全国的或者地方的产业工会。

全国建立统一的中华全国总工会。

第39条 企业、事业单位、社会组织研究经营管理和发展的重大问题应当听取工会的意见；召开会议讨论有关工资、福利、劳动安全卫生、工作时间、休息休假、女职工保护和社会保险等涉及职工切身利益的问题，必须有工会代表参加。

企业、事业单位、社会组织应当支持工会依法开展工作，工会应当支持企业、事业单位、社会组织依法行使经营管理权。

6. **《人口与计划生育法》**（2021年8月20日）

第8条 国家对在人口与计划生育工作中作出显著成绩的组织和个人，给予奖励。

7.《乡村振兴促进法》(2021 年 4 月 29 日)

第 54 条第 3 款　国家推进城乡最低生活保障制度统筹发展，提高农村特困人员供养等社会救助水平，加强对农村留守儿童、妇女和老年人以及残疾人、困境儿童的关爱服务，支持发展农村普惠型养老服务和互助性养老。

8.《基本医疗卫生与健康促进法》(2019 年 12 月 28 日)

第 24 条　国家发展妇幼保健事业，建立健全妇幼健康服务体系，为妇女、儿童提供保健及常见病防治服务，保障妇女、儿童健康。

国家采取措施，为公民提供婚前保健、孕产期保健等服务，促进生殖健康，预防出生缺陷。

9.《村民委员会组织法》(2018 年 12 月 29 日)

第 9 条　村民委员会应当宣传宪法、法律、法规和国家的政策，教育和推动村民履行法律规定的义务、爱护公共财产，维护村民的合法权益，发展文化教育，普及科技知识，促进男女平等，做好计划生育工作，促进村与村之间的团结、互助，开展多种形式的社会主义精神文明建设活动。

村民委员会应当支持服务性、公益性、互助性社会组织依法开展活动，推动农村社区建设。

多民族村民居住的村，村民委员会应当教育和引导各民族村民增进团结、互相尊重、互相帮助。

10.《就业促进法》(2015 年 4 月 24 日)

第 27 条　国家保障妇女享有与男子平等的劳动权利。

用人单位招用人员，除国家规定的不适合妇女的工种或者岗位外，不得以性别为由拒绝录用妇女或者提高对妇女的录用标准。

用人单位录用女职工，不得在劳动合同中规定限制女职工结婚、生育的内容。

● 行政法规及文件

11.《中国妇女发展纲要（2021-2030）》（2021 年 9 月 8 日）

三、组织实施

（十一）鼓励社会各界广泛参与纲要实施。鼓励企事业单位、社会组织、慈善机构和公益人士参与保障妇女合法权益、促进妇女发展等工作。鼓励妇女参与纲要实施，提高妇女在参与纲要实施中实现自身全面发展的意识和能力。

第五条 妇女发展纲要和规划

国务院制定和组织实施中国妇女发展纲要，将其纳入国民经济和社会发展规划，保障和促进妇女在各领域的全面发展。

县级以上地方各级人民政府根据中国妇女发展纲要，制定和组织实施本行政区域的妇女发展规划，将其纳入国民经济和社会发展规划。

县级以上人民政府应当将妇女权益保障所需经费列入本级预算。

● 行政法规及文件

1.《母婴保健法实施办法》（2022 年 3 月 29 日）

第 6 条　各级人民政府应当将母婴保健工作纳入本级国民经济和社会发展计划，为母婴保健事业的发展提供必要的经济、技术和物质条件，并对少数民族地区、贫困地区的母婴保健事业给予特殊支持。

县级以上地方人民政府根据本地区的实际情况和需要，可以设立母婴保健事业发展专项资金。

2.《中国妇女发展纲要（2021-2030）》（2021 年 9 月 8 日）

一、指导思想、基本原则和总体目标

（二）基本原则。

2. 坚持妇女事业与经济社会同步协调发展。将促进妇女全面发展目标任务纳入国家和地方经济社会发展总体规划，纳入专项规划，纳入民生实事项目，同部署、同落实，让经济社会发展成果更多更公平惠及广大妇女。

三、组织实施

（二）落实纲要实施责任。完善落实党委领导、政府主责、妇儿工委协调、多部门合作、全社会参与的纲要实施工作机制。国务院及地方各级人民政府负责纲要实施工作，各级妇儿工委负责组织、协调、指导、督促工作，各级妇儿工委办公室负责具体工作。有关部门、相关机构和人民团体结合职责，承担纲要相关目标任务落实工作。在出台法律、制定政策、编制规划、部署工作时贯彻落实男女平等基本国策，切实保障妇女合法权益，促进妇女全面发展。

（三）加强纲要与国民经济和社会发展规划的衔接。在经济社会发展总体规划及相关专项规划中贯彻落实男女平等基本国策，将纲要实施以及妇女事业发展纳入经济社会发展总体规划及相关专项规划，结合经济社会发展总体规划部署要求推进纲要实施，实现妇女事业发展与经济社会发展同步规划、同步部署、同步推进、同步落实。

（四）制定地方妇女发展规划和部门实施方案。省级人民政府依据本纲要，结合实际制定本级妇女发展规划。市、县级人民政府依据本纲要以及上一级妇女发展规划，结合实际制定本级妇女发展规划。省、市、县级规划颁布后 1 个月内报送上一级妇儿工委办公室。中央及地方承担纲要（规划）目标任务的有关部门、相关机构和人民团体结合职责，按照任务分工，制定实施方案并报送同级妇儿工委办公室。

（五）完善实施纲要的工作制度机制。健全目标管理责任制，将纲要实施纳入政府议事日程和考核内容，将纲要目标分解到责任单位并纳入目标管理和考核内容。健全督导检查制度，定期对纲要实施情况开展督查。健全报告制度，责任单位每年向同级妇儿工委报告纲要实施情况和下一年工作安排，下级妇儿工委每年向上一级妇儿工委报告本地区规划实施情况和下一年工作安排。健全议事协调制度，定期召开妇女儿童工作会议和妇儿工委全体会议、联络员会议等，总结交流情况，研究解决问题，部署工作任务。健全纲要实施示范制度，充分发挥示范单位以点带面、示范带动作用。健全表彰制度，对实施纲要先进集体和先进个人按照有关规定进行表彰。

（六）加强妇女发展经费支持。各级人民政府将实施纲要所需工作经费纳入财政预算，实现妇女事业和经济社会同步发展。重点支持革命老区、民族地区、边疆地区、欠发达地区妇女发展，支持特殊困难妇女群体发展。动员社会力量，多渠道筹集资源，共同发展妇女事业。

第六条　妇联等群团组织应做好维护妇女权益工作

中华全国妇女联合会和地方各级妇女联合会依照法律和中华全国妇女联合会章程，代表和维护各族各界妇女的利益，做好维护妇女权益、促进男女平等和妇女全面发展的工作。

工会、共产主义青年团、残疾人联合会等群团组织应当在各自的工作范围内，做好维护妇女权益的工作。

● 法　律

1.《工会法》（2021 年 12 月 24 日）

第 23 条　企业、事业单位、社会组织违反劳动法律法规规定，有下列侵犯职工劳动权益情形，工会应当代表职工与企业、事业单位、社会组织交涉，要求企业、事业单位、社会组织采取措施予以改正；企业、事业单位、社会组织应当予以研究处理，并向工会作出答复；企业、事业单位、社会组织拒不改正的，工会可以提请当地人民政府依法作出处理：

（一）克扣、拖欠职工工资的；

（二）不提供劳动安全卫生条件的；

（三）随意延长劳动时间的；

（四）侵犯女职工和未成年工特殊权益的；

（五）其他严重侵犯职工劳动权益的。

第39条 企业、事业单位、社会组织研究经营管理和发展的重大问题应当听取工会的意见；召开会议讨论有关工资、福利、劳动安全卫生、工作时间、休息休假、女职工保护和社会保险等涉及职工切身利益的问题，必须有工会代表参加。

企业、事业单位、社会组织应当支持工会依法开展工作，工会应当支持企业、事业单位、社会组织依法行使经营管理权。

2. **《家庭教育促进法》**（2021年10月23日）

第35条 妇女联合会发挥妇女在弘扬中华民族家庭美德、树立良好家风等方面的独特作用，宣传普及家庭教育知识，通过家庭教育指导机构、社区家长学校、文明家庭建设等多种渠道组织开展家庭教育实践活动，提供家庭教育指导服务。

3. **《反家庭暴力法》**（2015年12月27日）

第4条 县级以上人民政府负责妇女儿童工作的机构，负责组织、协调、指导、督促有关部门做好反家庭暴力工作。

县级以上人民政府有关部门、司法机关、人民团体、社会组织、居民委员会、村民委员会、企业事业单位，应当依照本法和有关法律规定，做好反家庭暴力工作。

各级人民政府应当对反家庭暴力工作给予必要的经费保障。

4.《就业促进法》（2015 年 4 月 24 日）

第 9 条　工会、共产主义青年团、妇女联合会、残疾人联合会以及其他社会组织，协助人民政府开展促进就业工作，依法维护劳动者的劳动权利。

● 行政法规及文件

5.《志愿服务条例》（2017 年 8 月 22 日）

第 5 条　国家和地方精神文明建设指导机构建立志愿服务工作协调机制，加强对志愿服务工作的统筹规划、协调指导、督促检查和经验推广。

国务院民政部门负责全国志愿服务行政管理工作；县级以上地方人民政府民政部门负责本行政区域内志愿服务行政管理工作。

县级以上人民政府有关部门按照各自职责，负责与志愿服务有关的工作。

工会、共产主义青年团、妇女联合会等有关人民团体和群众团体应当在各自的工作范围内做好相应的志愿服务工作。

6.《中国妇女发展纲要（2021-2030）》（2021 年 9 月 8 日）

二、发展领域、主要目标和策略措施

（四）妇女参与决策和管理。

10. 发挥妇联组织在推进国家治理体系和治理能力现代化进程中的作用。支持妇联组织履行代表妇女参与管理国家事务、经济文化事业和社会事务的职责，强化妇联组织参与民主决策、民主管理、民主监督，参与制定有关法律、法规、规章和政策，参与社会治理和公共服务的制度保障。在制定有关促进男女平等和保障妇女合法权益的法律法规政策以及培养选拔女干部工作中，充分听取妇联组织意见和建议。

（七）妇女与环境。

12. 发挥妇联组织在营造男女平等和妇女全面发展环境中的积

极作用。健全完善引领服务联系妇女的工作机制，发挥桥梁纽带作用，凝聚妇女人心。联合中央主流媒体，依托妇联全媒体，大力宣传习近平总书记关于妇女和妇女工作的重要论述，宣传马克思主义妇女观和男女平等基本国策，宣传妇女“半边天”作用。加强妇女舆情尤其是网络舆情监测，对错误观点言论及时发声，协调督促处置，正面引导舆论，优化有利于妇女全面发展的社会舆论环境。

（八）妇女与法律。

12. 发挥妇联组织代表和维护妇女合法权益的职能作用。支持妇联组织健全联合约谈、联席会议、信息通报、调研督查、发布案例等工作制度，推动保障妇女权益法律政策的制定实施。加强“12338”妇女维权热线建设，畅通妇女有序表达诉求的渠道。及时发现报告侵权问题，依法建议查处性别歧视事件或协助办理侵害妇女权益案件，配合打击侵害妇女合法权益的违法犯罪行为，为受侵害妇女提供帮助。

其他规范性文件

7.《中华全国妇女联合会章程》（2018 年 11 月 2 日）

第十条　妇女联合会实行全国组织、地方组织、基层组织和团体会员相结合的组织制度。

妇女联合会的地方和基层组织接受同级党组织和上级妇女联合会双重领导。

妇女联合会实行民主集中制。

第十二条　各级妇女代表大会代表名额及产生办法，由各级妇女联合会执行委员会决定。

第十三条　各级妇女联合会执行委员会的产生，应充分体现选举人的意志。选举采取无记名投票方式，可以直接采取差额选举办法进行选举；也可以先采取差额选举办法进行预选，产生候选人名单，再进行等额选举。

第十六条 中华全国妇女联合会，省、自治区、直辖市妇女联合会，设区的市、自治州妇女联合会，县（旗）、自治县、不设区的市和市辖区妇女联合会，地区（盟）妇女联合会，根据工作需要设业务部门。

第十七条 妇女联合会的最高领导机构是全国妇女代表大会和它所产生的中华全国妇女联合会执行委员会。全国妇女代表大会，每五年举行一次，由中华全国妇女联合会执行委员会召集。在特殊情况下，经执行委员会讨论决定，可提前或延期召开。

全国妇女代表大会的职权是：

（一）讨论、决定全国妇女运动方针、任务及重大事项；

（二）听取、审议和批准中华全国妇女联合会执行委员会的工作报告；

（三）修改《中华全国妇女联合会章程》；

（四）选举中华全国妇女联合会执行委员会。

第十八条 全国妇女代表大会闭会期间，中华全国妇女联合会执行委员会贯彻执行全国妇女代表大会的决议，讨论并决定妇女工作中的重大问题和人事安排事项。中华全国妇女联合会执行委员会的全体会议，每年至少举行一次，由常务委员会召集。

第十九条 中华全国妇女联合会执行委员会的全体会议选举主席一人、专兼职副主席若干人、常务委员若干人，组成常务委员会。

第二十条 中华全国妇女联合会常务委员会是执行委员会闭会期间的领导机构，常务委员会讨论决定妇女工作中的重要问题，定期向执行委员会报告工作，接受监督。常务委员会会议每半年举行一次，在特殊情况下，可提前或推迟召开。

中华全国妇女联合会常务委员会下设书记处，由常务委员会推选第一书记和书记若干人组成，主持日常工作。

第二十一条 妇女联合会在省、自治区、直辖市，设区的市、自治州，县（旗）、自治县、不设区的市和市辖区等建立地方组织。

第二十二条 地方各级妇女联合会的领导机构是地方各级妇女代表大会和它所产生的执行委员会。地方各级妇女代表大会，每五年举行一次，由同级妇女联合会执行委员会召集。在特殊情况下，经执行委员会讨论决定，可提前或延期召开。

地方各级妇女代表大会的职权是：

（一）讨论、决定本地区的妇女工作任务；

（二）听取、审议和批准同级妇女联合会执行委员会的工作报告；

（三）选举同级妇女联合会的执行委员会。

第二十三条 地方各级妇女联合会执行委员会在妇女代表大会闭会期间，执行上级妇女联合会的决定和同级妇女代表大会的决议，定期向上级妇女联合会报告工作，讨论并决定本地区妇女工作的重大问题。地方各级妇女联合会执行委员会全体会议，每年至少举行一次，由同级常务委员会召集。执行委员会选举主席一人、专挂兼职副主席若干人、常务委员若干人，组成常务委员会。

第二十四条 地方妇女联合会常务委员会是执行委员会闭会期间的领导机构，常务委员会讨论决定妇女工作中的重要问题，定期向执行委员会报告工作，接受监督。常务委员会会议每半年举行一次，在特殊情况下，可提前或推迟召开。

第二十五条 妇女联合会在乡镇、街道，行政村、社区，机关和事业单位、社会组织等建立基层组织。

第二十六条 乡镇、街道，行政村、社区应当建立妇女联合会。

乡镇、街道，行政村、社区妇女代表大会，每五年举行一次。妇女代表大会选举产生执行委员会，执行委员会全体会议选举主席一人、专兼职副主席若干人，必要时可选举常务委员若干人。

第二十七条 机关和事业单位、社会组织建立妇女委员会或妇女工作委员会。

妇女委员会由本单位妇女大会或妇女代表大会选举产生，每届任期三至五年。妇女委员会全体会议推选主任一人、副主任若干人，负责日常工作。妇女工作委员会委员由妇女代表协商产生。

第二十八条 在居住分散的农村山区、牧区，农、林、渔场，非公有制经济组织，专业市场等女性相对集中的地方应建妇女组织，组织形式从实际出发灵活设置。

第二十九条 企业基层工会女职工委员会及其以上各级工会女职工委员会是妇女联合会的团体会员。

第三十条 凡在民政部门注册登记的以女性为主体会员的各类为社会、为妇女服务的社会团体，自愿申请，承认本章程，经中华全国妇女联合会或当地妇女联合会同意，可成为妇女联合会的团体会员。

第三十一条 妇女联合会应加强同团体会员的联系，帮助和支持团体会员开展工作。团体会员应接受妇女联合会业务指导。

第三十二条 团体会员应履行下列义务：

（一）遵守中华全国妇女联合会章程；

（二）宣传和执行妇女联合会的决议；

（三）向妇女联合会反映妇女情况，汇报工作，提出意见和建议，执行有关工作任务；

（四）向妇女联合会推荐优秀妇女人才。

第三十三条 团体会员享有下列权利：

（一）参加妇女联合会的有关活动；

（二）对妇女联合会的工作提出批评建议；

（三）团体会员的负责人参加或列席同级妇女联合会执行委员会会议。

第四十条　妇女联合会的行政经费、业务活动和事业发展经费，主要由政府拨款，提供经费保障，列入各级财政预算，并随财政收入的增长或工作需要逐步增加。

第四十一条　各级妇女联合会可依法接纳热心妇女儿童事业的国内外人士及组织的资金和其他物品的捐赠，并依法管理，接受监督。

第四十二条　国家交各级妇女联合会占有、使用的资产受法律保护，任何组织和个人不得侵占、挪用或任意调拨。妇女联合会所属的企事业单位，其隶属关系不得随意改变。

第七条　国家鼓励妇女维护合法权益

国家鼓励妇女自尊、自信、自立、自强，运用法律维护自身合法权益。

妇女应当遵守国家法律，尊重社会公德、职业道德和家庭美德，履行法律所规定的义务。

第八条　立法应当听取妇联意见，考虑妇女特殊权益

有关机关制定或者修改涉及妇女权益的法律、法规、规章和其他规范性文件，应当听取妇女联合会的意见，充分考虑妇女的特殊权益，必要时开展男女平等评估。

第九条　妇女发展状况统计调查制度

国家建立健全妇女发展状况统计调查制度，完善性别统计监测指标体系，定期开展妇女发展状况和权益保障统计调查和分析，发布有关信息。

● 行政法规及文件

《中国妇女发展纲要（2021-2030）》（2021年9月8日）

四、监测评估

（三）加强分性别统计监测。规范完善性别统计监测指标体系，根据需要调整扩充妇女发展统计指标，推动纳入国家和部门常规统计以及统计调查制度，加强部门分性别统计工作，推进分性别统计监测制度化建设。国家、省、市三级建立完善妇女发展统计监测数据库，支持县级妇女发展统计监测数据库建设。鼓励支持相关部门对妇女发展缺项数据开展专项统计调查。

第十条 男女平等基本国策纳入国民教育体系

国家将男女平等基本国策纳入国民教育体系，开展宣传教育，增强全社会的男女平等意识，培育尊重和关爱妇女的社会风尚。

第十一条 表彰和奖励

国家对保障妇女合法权益成绩显著的组织和个人，按照有关规定给予表彰和奖励。

第二章 政治权利

第十二条 保障妇女平等的政治权利

国家保障妇女享有与男子平等的政治权利。

● 宪 法

《宪法》（2018年3月11日）

第48条 中华人民共和国妇女在政治的、经济的、文化的、社会的和家庭的生活等各方面享有同男子平等的权利。

国家保护妇女的权利和利益，实行男女同工同酬，培养和选拔妇女干部。

第十三条 参与国家和社会管理，提出意见和建议权

妇女有权通过各种途径和形式，依法参与管理国家事务、管理经济和文化事业、管理社会事务。

妇女和妇女组织有权向各级国家机关提出妇女权益保障方面的意见和建议。

宪 法

1.《**宪法**》（2018 年 3 月 11 日）

第 48 条 中华人民共和国妇女在政治的、经济的、文化的、社会的和家庭的生活等各方面享有同男子平等的权利。

国家保护妇女的权利和利益，实行男女同工同酬，培养和选拔妇女干部。

行政法规及文件

2.《**中国妇女发展纲要（2021–2030）**》（2021 年 9 月 8 日）

二、发展领域、主要目标和策略措施

（四）妇女参与决策和管理。

主要目标：

1. 保障妇女参与社会主义民主政治建设和社会治理，提升参与水平。

2. 中国共产党女党员保持合理比例。中国共产党各级党员代表大会中女党员代表比例一般不低于本地区党员总数中女性比例。

3. 各级人大代表和常委会委员中的女性比例逐步提高。各级政协委员和常委中的女性比例逐步提高。

4. 县级以上地方政府领导班子中的女干部比例逐步提高，担

任正职的女干部占同级正职干部的比例逐步提高。

5. 国家机关部委和县级以上地方政府部门领导班子中的女干部比例逐步提高，担任正职的女干部占同级正职干部的比例逐步提高。

6. 各级各类事业单位领导班子成员中的女性比例逐步提高。

7. 企业董事会、监事会成员及管理层中的女性比例逐步提高。企事业单位职工代表大会中女性比例与女职工比例相适应。

8. 村党组织成员、村党组织书记中女性比例逐步提高。村委会成员中女性比例达到30%以上，村委会主任中女性比例逐步提高。

9. 社区党组织成员、社区党组织书记中女性比例逐步提高。社区居委会成员中女性比例保持在50%左右，社区居委会主任中女性比例达到40%以上。

10. 鼓励支持女性参加社会组织、担任社会组织负责人。

策略措施：

1. 加大对妇女参与决策和管理的支持力度。充分发挥妇女参与国家和社会事务管理的重要作用，破除制约妇女参与决策和管理的障碍，促进妇女参与决策和管理水平与妇女地位作用相适应。加大培训力度，提高各级领导干部贯彻落实男女平等基本国策的意识，把推动妇女参政纳入重要议程，提出目标举措。采取有效措施，提升各级党委、人大、政府、政协、党政工作部门以及企事业单位、基层群众自治组织和社会组织中的女性比例。

2. 提高妇女参与社会事务和民主管理的意识和能力。开展女性领导干部政治素质和领导能力培训。鼓励高校开设领导力相关课程，培养年轻女性的政治素养及参与决策和管理的意识。加大基层妇女骨干培训力度，提高妇女在自治、法治、德治中的参与意识和能力，鼓励妇女积极参与村（居）民议事会、理事会等自治组织，推进城乡社区妇女议事会实现全覆盖并有效运行，发挥妇女在城乡基层治理中的积极作用。探索打造妇女网上议事平台，引导妇女积极、有序参与基层民主管理和基层民主协商。

3. 重视发展中国共产党女党员。面向妇女深入开展思想政治工作，扩大党的妇女群众基础，培养对党的感情，深化对党的认识，引导拥护党的主张，激发妇女入党的政治意愿。加强对入党积极分子的培养教育。注重从各行各业青年女性中发展党员。在党代表候选人酝酿过程中，充分关注政治过硬、作风优良、敢于担当、实绩突出的优秀妇女，确保党员代表大会中女党员代表保持合理比例。

4. 提高人大女代表、政协女委员比例。落实人大代表选举规则和程序，在选区划分、代表名额分配、候选人推荐、选举等环节，保障妇女享有平等权利和机会。重视从基层、生产一线推荐人大代表女性候选人，候选人中应当有适当数量的妇女代表，并逐步提高妇女代表的比例。提名推荐、协商确定政协委员建议名单时，保障提名一定比例的妇女。充分发挥人大女代表、政协女委员在发展社会主义民主政治和男女平等事业中的积极作用。

5. 加大培养选拔女干部工作力度。培养忠诚干净担当的高素质专业化女干部，促进女干部不断增强学习本领、政治领导本领、改革创新本领、科学发展本领、依法执政本领、群众工作本领、狠抓落实本领、驾驭风险本领。优化女干部成长路径，注重日常培养和战略培养，为女干部参加教育培训、交流任职、挂职锻炼创造条件和机会。注重从基层、生产一线培养选拔女干部，注重选拔女干部到重要部门、关键岗位担任领导职务。注重保持优秀年轻干部队伍中女干部的合理比例。落实女干部选拔配备的目标任务，在保证质量的前提下实现应配尽配。保障妇女在干部录用、选拔、任（聘）用、晋升、退休各环节不因性别受到歧视。

6. 推动妇女积极参与事业单位决策管理。培养选拔优秀女性专业技术人员进入决策管理层。重视在卫生、教育、文化等女性集中的行业提高决策管理层中的女性比例，鼓励妇女积极参与本单位党建和群团组织建设，促进事业单位职工代表大会中的女职工代表比例与事业单位女职工比例相适应。在深化事业单位改革进程中，确保妇女在岗位晋升、职员晋级、职称评聘等方面享有平等的权利和机会。

7. 推动妇女广泛参与企业决策管理。将女干部选拔配备纳入国有企业领导班子和干部队伍建设规划，加大培养、选拔、使用力度。在深化企业人事制度改革进程中，采用组织推荐、公开招聘、民主推荐等方式，促进优秀妇女进入企业董事会、监事会和管理层。完善企业民主管理制度，促进企业职工代表大会中女职工代表比例与企业女职工比例相适应，支持女职工通过职工代表大会等形式参与企业民主决策、民主管理和民主监督。企业制定相关规章制度，对涉及女职工权益的事项，听取工会女职工委员会的意见，依法经职工代表大会审议通过。

8. 推动妇女有序参与城乡基层社会治理。注重从女致富能手、经商务工女性、乡村女教师女医生、女社会工作者、女大学生村官、女退休干部职工等群体中培养选拔村（社区）干部。在村（社区）“两委”换届工作中，通过提名确定女性候选人、女性委员专职专选、女性成员缺位增补等措施，提高村（居）委会成员、村（居）委会主任中的女性比例。组织妇女积极参与村规民约、居民公约的制定修订，开展协商议事活动。促进新社会阶层、社会工作者和志愿者中的女性积极参与社会治理。

9. 支持引导妇女参加社会组织。优化社会组织发展的制度环境，加大对以女性为成员主体或以女性为主要从业人员的社会组织的培育力度，加强支持和指导服务，促进其健康有序发展并积极参与社会组织协商。鼓励支持更多女性成为社会组织成员或从业人员，加强对社会组织女性专业人才和管理人才的培养，注重发现培养社会组织女性负责人。

10. 发挥妇联组织在推进国家治理体系和治理能力现代化进

程中的作用。支持妇联组织履行代表妇女参与管理国家事务、经济文化事业和社会事务的职责，强化妇联组织参与民主决策、民主管理、民主监督，参与制定有关法律、法规、规章和政策，参与社会治理和公共服务的制度保障。在制定有关促进男女平等和保障妇女合法权益的法律法规政策以及培养选拔女干部工作中，充分听取妇联组织意见和建议。

第十四条 平等的选举权和被选举权

妇女享有与男子平等的选举权和被选举权。

全国人民代表大会和地方各级人民代表大会的代表中，应当保证有适当数量的妇女代表。国家采取措施，逐步提高全国人民代表大会和地方各级人民代表大会的妇女代表的比例。

居民委员会、村民委员会成员中，应当保证有适当数量的妇女成员。

宪 法

1. **《宪法》**（2018 年 3 月 11 日）

第 34 条 中华人民共和国年满十八周岁的公民，不分民族、种族、性别、职业、家庭出身、宗教信仰、教育程度、财产状况、居住期限，都有选举权和被选举权；但是依照法律被剥夺政治权利的人除外。

法 律

2. **《全国人民代表大会和地方各级人民代表大会选举法》**（2020 年 10 月 17 日）

第 7 条第 1 款 全国人民代表大会和地方各级人民代表大会的代表应当具有广泛的代表性，应当有适当数量的基层代表，特别是工人、农民和知识分子代表；应当有适当数量的妇女代表，并逐步提高妇女代表的比例。

3.《**村民委员会组织法**》（2018 年 12 月 29 日）

第 6 条　村民委员会由主任、副主任和委员共三至七人组成。

村民委员会成员中，应当有妇女成员，多民族村民居住的村应当有人数较少的民族的成员。

对村民委员会成员，根据工作情况，给予适当补贴。

第 25 条　人数较多或者居住分散的村，可以设立村民代表会议，讨论决定村民会议授权的事项。村民代表会议由村民委员会成员和村民代表组成，村民代表应当占村民代表会议组成人员的五分之四以上，妇女村民代表应当占村民代表会议组成人员的三分之一以上。

村民代表由村民按每五户至十五户推选一人，或者由各村民小组推选若干人。村民代表的任期与村民委员会的任期相同。村民代表可以连选连任。

村民代表应当向其推选户或者村民小组负责，接受村民监督。

● 行政法规及文件

4.《**中国妇女发展纲要（2021－2030）**》（2021 年 9 月 8 日）

二、发展领域、主要目标和策略措施

（四）妇女参与决策和管理。

主要目标：

3. 各级人大代表和常委会委员中的女性比例逐步提高。各级政协委员和常委中的女性比例逐步提高。

4. 县级以上地方政府领导班子中的女干部比例逐步提高，担任正职的女干部占同级正职干部的比例逐步提高。

5. 国家机关部委和县级以上地方政府部门领导班子中的女干部比例逐步提高，担任正职的女干部占同级正职干部的比例逐步提高。

8. 村党组织成员、村党组织书记中女性比例逐步提高。村委会成员中女性比例达到30%以上，村委会主任中女性比例逐步提高。

策略措施：

4. 提高人大女代表、政协女委员比例。落实人大代表选举规则和程序，在选区划分、代表名额分配、候选人推荐、选举等环节，保障妇女享有平等权利和机会。重视从基层、生产一线推荐人大代表女性候选人，候选人中应当有适当数量的妇女代表，并逐步提高妇女代表的比例。提名推荐、协商确定政协委员建议名单时，保障提名一定比例的妇女。充分发挥人大女代表、政协女委员在发展社会主义民主政治和男女平等事业中的积极作用。

5. 加大培养选拔女干部工作力度。培养忠诚干净担当的高素质专业化女干部，促进女干部不断增强学习本领、政治领导本领、改革创新本领、科学发展本领、依法执政本领、群众工作本领、狠抓落实本领、驾驭风险本领。优化女干部成长路径，注重日常培养和战略培养，为女干部参加教育培训、交流任职、挂职锻炼创造条件和机会。注重从基层、生产一线培养选拔女干部，注重选拔女干部到重要部门、关键岗位担任领导职务。注重保持优秀年轻干部队伍中女干部的合理比例。落实女干部选拔配备的目标任务，在保证质量的前提下实现应配尽配。保障妇女在干部录用、选拔、任（聘）用、晋升、退休各环节不因性别受到歧视。

8. 推动妇女有序参与城乡基层社会治理。注重从女致富能手、经商务工女性、乡村女教师女医生、女社会工作者、女大学生村官、女退休干部职工等群体中培养选拔村（社区）干部。在村（社区）“两委”换届工作中，通过提名确定女性候选人、女性委员专职专选、女性成员缺位增补等措施，提高村（居）委会成员、村（居）委会主任中的女性比例。组织妇女积极参与村规民约、居民公约的制定修订，开展协商议事活动。促进新社会阶层、社会工作者和志愿者中的女性积极参与社会治理。

第十五条 女干部的培养和选拔

国家积极培养和选拔女干部，重视培养和选拔少数民族女干部。

国家机关、群团组织、企业事业单位培养、选拔和任用干部，应当坚持男女平等的原则，并有适当数量的妇女担任领导成员。

妇女联合会及其团体会员，可以向国家机关、群团组织、企业事业单位推荐女干部。

国家采取措施支持女性人才成长。

宪 法

1.《宪法》（2018年3月11日）

第48条　中华人民共和国妇女在政治的、经济的、文化的、社会的和家庭的生活等各方面享有同男子平等的权利。

国家保护妇女的权利和利益，实行男女同工同酬，培养和选拔妇女干部。

法 律

2.《人民调解法》（2010年8月28日）

第8条　村民委员会、居民委员会设立人民调解委员会。企业事业单位根据需要设立人民调解委员会。

人民调解委员会由委员三至九人组成，设主任一人，必要时，可以设副主任若干人。

人民调解委员会应当有妇女成员，多民族居住的地区应当有人数较少民族的成员。

3.《民族区域自治法》（2001年2月28日）

第22条　民族自治地方的自治机关根据社会主义建设的需要，采取各种措施从当地民族中大量培养各级干部、各种科学技术、经营管理等专业人才和技术工人，充分发挥他们的作用，并且注意在少数民族妇女中培养各级干部和各种专业技术人才。

民族自治地方的自治机关录用工作人员的时候，对实行区域自治的民族和其他少数民族的人员应当给予适当的照顾。

民族自治地方的自治机关可以采取特殊措施，优待、鼓励各种专业人员参加自治地方各项建设工作。

● 行政法规及文件

4.《中国妇女发展纲要（2021-2030）》（2021年9月8日）

二、发展领域、主要目标和策略措施

（四）妇女参与决策和管理。

主要目标：

4. 县级以上地方政府领导班子中的女干部比例逐步提高，担任正职的女干部占同级正职干部的比例逐步提高。

5. 国家机关部委和县级以上地方政府部门领导班子中的女干部比例逐步提高，担任正职的女干部占同级正职干部的比例逐步提高。

6. 各级各类事业单位领导班子成员中的女性比例逐步提高。

7. 企业董事会、监事会成员及管理层中的女性比例逐步提高。企事业单位职工代表大会中女性比例与女职工比例相适应。

8. 村党组织成员、村党组织书记中女性比例逐步提高。村委会成员中女性比例达到30%以上，村委会主任中女性比例逐步提高。

9. 社区党组织成员、社区党组织书记中女性比例逐步提高。社区居委会成员中女性比例保持在50%左右，社区居委会主任中女性比例达到40%以上。

10. 鼓励支持女性参加社会组织、担任社会组织负责人。

策略措施：

5. 加大培养选拔女干部工作力度。培养忠诚干净担当的高素质专业化女干部，促进女干部不断增强学习本领、政治领导本领、改革创新本领、科学发展本领、依法执政本领、群众工作本领、狠抓落实本领、驾驭风险本领。优化女干部成长路径，注重日常培养和战略培养，为女干部参加教育培训、交流任职、挂职锻炼创造条件和机会。注重从基层、生产一线培养选拔女干部，注重选拔女干部到重要部门、关键岗位担任领导职务。注重保持优秀年轻干部队伍中女干部的合理比例。落实女干部选拔配备的目标任务，在保证质量的前提下实现应配尽配。保障妇女在干部录用、选拔、任（聘）用、晋升、退休各环节不因性别受到歧视。

6. 推动妇女积极参与事业单位决策管理。培养选拔优秀女性专业技术人员进入决策管理层。重视在卫生、教育、文化等女性集中的行业提高决策管理层中的女性比例，鼓励妇女积极参与本单位党建和群团组织建设，促进事业单位职工代表大会中的女职工代表比例与事业单位女职工比例相适应。在深化事业单位改革进程中，确保妇女在岗位晋升、职员晋级、职称评聘等方面享有平等的权利和机会。

7. 推动妇女广泛参与企业决策管理。将女干部选拔配备纳入国有企业领导班子和干部队伍建设规划，加大培养、选拔、使用力度。在深化企业人事制度改革进程中，采用组织推荐、公开招聘、民主推荐等方式，促进优秀妇女进入企业董事会、监事会和管理层。完善企业民主管理制度，促进企业职工代表大会中女职工代表比例与企业女职工比例相适应，支持女职工通过职工代表大会等形式参与企业民主决策、民主管理和民主监督。企业制定相关规章制度，对涉及女职工权益的事项，听取工会女职工委员会的意见，依法经职工代表大会审议通过。

8. 推动妇女有序参与城乡基层社会治理。注重从女致富能手、经商务工女性、乡村女教师女医生、女社会工作者、女大学生村官、女退休干部职工等群体中培养选拔村（社区）干部。在村（社区）“两委”换届工作中，通过提名确定女性候选人、女性委员专职专选、女性成员缺位增补等措施，提高村（居）委会成员、村（居）委会主任中的女性比例。组织妇女积极参与村规民约、居民公约的制定修订，开展协商议事活动。促进新社会阶层、社会工作者和志愿者中的女性积极参与社会治理。

9. 支持引导妇女参加社会组织。优化社会组织发展的制度环境，加大对以女性为成员主体或以女性为主要从业人员的社会组织的培育力度，加强支持和指导服务，促进其健康有序发展并积极参与社会组织协商。鼓励支持更多女性成为社会组织成员或从业人员，加强对社会组织女性专业人才和管理人才的培养，注重发现培养社会组织女性负责人。

10. 发挥妇联组织在推进国家治理体系和治理能力现代化进程中的作用。支持妇联组织履行代表妇女参与管理国家事务、经济文化事业和社会事务的职责，强化妇联组织参与民主决策、民主管理、民主监督，参与制定有关法律、法规、规章和政策，参与社会治理和公共服务的制度保障。在制定有关促进男女平等和保障妇女合法权益的法律法规政策以及培养选拔女干部工作中，充分听取妇联组织意见和建议。

第十六条 妇联的职责

妇女联合会代表妇女积极参与国家和社会事务的民主协商、民主决策、民主管理和民主监督。

行政法规及文件

《中国妇女发展纲要（2021-2030）》（2021年9月8日）

二、发展领域、主要目标和策略措施

（四）妇女参与决策和管理。

10. 发挥妇联组织在推进国家治理体系和治理能力现代化进

程中的作用。支持妇联组织履行代表妇女参与管理国家事务、经济文化事业和社会事务的职责，强化妇联组织参与民主决策、民主管理、民主监督，参与制定有关法律、法规、规章和政策，参与社会治理和公共服务的制度保障。在制定有关促进男女平等和保障妇女合法权益的法律法规政策以及培养选拔女干部工作中，充分听取妇联组织意见和建议。

第十七条 对涉及妇女权益的批评建议、申诉、控告和检举的处理

对于有关妇女权益保障工作的批评或者合理可行的建议，有关部门应当听取和采纳；对于有关侵害妇女权益的申诉、控告和检举，有关部门应当查清事实，负责处理，任何组织和个人不得压制或者打击报复。

第三章 人身和人格权益

第十八条 保障妇女平等的人身和人格权益

国家保障妇女享有与男子平等的人身和人格权益。

● 宪 法

《宪法》（2018 年 3 月 11 日）

第 33 条 凡具有中华人民共和国国籍的人都是中华人民共和国公民。

中华人民共和国公民在法律面前一律平等。

国家尊重和保障人权。

任何公民享有宪法和法律规定的权利，同时必须履行宪法和法律规定的义务。

第 48 条 中华人民共和国妇女在政治的、经济的、文化的、

社会的和家庭的生活等各方面享有同男子平等的权利。

国家保护妇女的权利和利益，实行男女同工同酬，培养和选拔妇女干部。

第十九条 妇女人身自由不受侵犯

妇女的人身自由不受侵犯。禁止非法拘禁和以其他非法手段剥夺或者限制妇女的人身自由；禁止非法搜查妇女的身体。

● 宪 法

1.《宪法》（2018 年 3 月 11 日）

第 37 条 中华人民共和国公民的人身自由不受侵犯。

任何公民，非经人民检察院批准或者决定或者人民法院决定，并由公安机关执行，不受逮捕。

禁止非法拘禁和以其他方法非法剥夺或者限制公民的人身自由，禁止非法搜查公民的身体。

● 法 律

2.《民法典》（2020 年 5 月 28 日）

第 1011 条 以非法拘禁等方式剥夺、限制他人的行动自由，或者非法搜查他人身体的，受害人有权依法请求行为人承担民事责任。

3.《刑法》（2020 年 12 月 26 日）

第 238 条 非法拘禁他人或者以其他方法非法剥夺他人人身自由的，处三年以下有期徒刑、拘役、管制或者剥夺政治权利。具有殴打、侮辱情节的，从重处罚。

犯前款罪，致人重伤的，处三年以上十年以下有期徒刑；致人死亡的，处十年以上有期徒刑。使用暴力致人伤残、死亡的，依照本法第二百三十四条、第二百三十二条的规定定罪处罚。

为索取债务非法扣押、拘禁他人的，依照前两款的规定处罚。

国家机关工作人员利用职权犯前三款罪的，依照前三款的规定从重处罚。

第 245 条　非法搜查他人身体、住宅，或者非法侵入他人住宅的，处三年以下有期徒刑或者拘役。

司法工作人员滥用职权，犯前款罪的，从重处罚。

4.《刑事诉讼法》（2018 年 10 月 26 日）

第 132 条第 3 款　检查妇女的身体，应当由女工作人员或者医师进行。

第 139 条　在搜查的时候，应当有被搜查人或者他的家属，邻居或者其他见证人在场。

搜查妇女的身体，应当由女工作人员进行。

5.《治安管理处罚法》（2012 年 10 月 26 日）

第 87 条第 2 款　检查妇女的身体，应当由女性工作人员进行。

6.《监狱法》（2012 年 10 月 26 日）

第 18 条第 2 款　女犯由女性人民警察检查。

● 行政法规及文件

7.《戒毒条例》（2018 年 9 月 18 日）

第 28 条第 2 款　女性强制隔离戒毒人员的身体检查，应当由女性工作人员进行。

8.《看守所条例》（1990 年 3 月 17 日）

第 11 条第 2 款　对女性人犯的人身检查，由女工作人员进行。

第二十条　妇女人格尊严不受侵犯

妇女的人格尊严不受侵犯。禁止用侮辱、诽谤等方式损害妇女的人格尊严。

● 宪　法

1.《宪法》（2018 年 3 月 11 日）

第 38 条　中华人民共和国公民的人格尊严不受侵犯。禁止用任何方法对公民进行侮辱、诽谤和诬告陷害。

● 法　律

2.《民法典》（2020 年 5 月 28 日）

第 990 条　人格权是民事主体享有的生命权、身体权、健康权、姓名权、名称权、肖像权、名誉权、荣誉权、隐私权等权利。

除前款规定的人格权外，自然人享有基于人身自由、人格尊严产生的其他人格权益。

第 991 条　民事主体的人格权受法律保护，任何组织或者个人不得侵害。

第 992 条　人格权不得放弃、转让或者继承。

第 995 条　人格权受到侵害的，受害人有权依照本法和其他法律的规定请求行为人承担民事责任。受害人的停止侵害、排除妨碍、消除危险、消除影响、恢复名誉、赔礼道歉请求权，不适用诉讼时效的规定。

3.《刑法》（2020 年 12 月 26 日）

第 246 条　以暴力或者其他方法公然侮辱他人或者捏造事实诽谤他人，情节严重的，处三年以下有期徒刑、拘役、管制或者剥夺政治权利。

前款罪，告诉的才处理，但是严重危害社会秩序和国家利益的除外。

通过信息网络实施第一款规定的行为，被害人向人民法院告诉，但提供证据确有困难的，人民法院可以要求公安机关提供协助。

● 行政法规及文件

4.《人民警察使用警械和武器条例》（1996 年 1 月 16 日）

第 7 条第 1 款第 1 项　人民警察遇有下列情形之一，经警告无效的，可以使用警棍、催泪弹、高压水枪、特种防暴枪等驱逐性、制服性警械：

（一）结伙斗殴、殴打他人、寻衅滋事、侮辱妇女或者进行其他流氓活动的；

5.《中国妇女发展纲要（2021-2030）》（2021 年 9 月 8 日）

二、发展领域、主要目标和策略措施

（七）妇女与环境。

主要目标：

3. 健全文化与传媒领域的性别平等评估和监管机制。

策略措施：

4. 加强文化与传媒领域的性别平等培训、评估和监管。开展对文化传媒工作者和传媒相关专业学生的性别平等培训，提升文化与传媒领域性别平等传播能力。加强对公共文化产品和传媒涉及性别平等内容的监测和监管，吸纳性别专家参与相关评估，消除网络媒体、影视产品、公共出版物等中出现的歧视贬抑妇女、侮辱妇女人格尊严、物化妇女形象等不良现象，规范网络名人和公众账号传播行为。完善违规行为警示记录系统，优化线上舆情预警和线下评估处置机制。

第二十一条　妇女生命权、身体权、健康权不受侵犯

妇女的生命权、身体权、健康权不受侵犯。禁止虐待、遗弃、残害、买卖以及其他侵害女性生命健康权益的行为。

禁止进行非医学需要的胎儿性别鉴定和选择性别的人工终止妊娠。

医疗机构施行生育手术、特殊检查或者特殊治疗时，应当征得妇女本人同意；在妇女与其家属或者关系人意见不一致时，应当尊重妇女本人意愿。

◉ 法 律

1.《民法典》（2020 年 5 月 28 日）

第 1002 条 自然人享有生命权。自然人的生命安全和生命尊严受法律保护。任何组织或者个人不得侵害他人的生命权。

第 1003 条 自然人享有身体权。自然人的身体完整和行动自由受法律保护。任何组织或者个人不得侵害他人的身体权。

第 1004 条 自然人享有健康权。自然人的身心健康受法律保护。任何组织或者个人不得侵害他人的健康权。

第 1005 条 自然人的生命权、身体权、健康权受到侵害或者处于其他危难情形的，负有法定救助义务的组织或者个人应当及时施救。

2.《人口与计划生育法》（2021 年 8 月 20 日）

第 39 条 严禁利用超声技术和其他技术手段进行非医学需要的胎儿性别鉴定；严禁非医学需要的选择性别的人工终止妊娠。

3.《母婴保健法》（2017 年 11 月 4 日）

第 19 条 依照本法规定施行终止妊娠或者结扎手术，应当经本人同意，并签署意见。本人无行为能力的，应当经其监护人同意，并签署意见。

依照本法规定施行终止妊娠或者结扎手术的，接受免费服务。

第 32 条 医疗保健机构依照本法规定开展婚前医学检查、遗传病诊断、产前诊断以及施行结扎手术和终止妊娠手术的，必须符合国务院卫生行政部门规定的条件和技术标准，并经县级以上地方人民政府卫生行政部门许可。

严禁采用技术手段对胎儿进行性别鉴定，但医学上确有需要的除外。

4.**《反家庭暴力法》**（2015 年 12 月 27 日）

第 2 条 本法所称家庭暴力，是指家庭成员之间以殴打、捆绑、残害、限制人身自由以及经常性谩骂、恐吓等方式实施的身体、精神等侵害行为。

第 3 条 家庭成员之间应当互相帮助，互相关爱，和睦相处，履行家庭义务。

反家庭暴力是国家、社会和每个家庭的共同责任。

国家禁止任何形式的家庭暴力。

第 4 条 县级以上人民政府负责妇女儿童工作的机构，负责组织、协调、指导、督促有关部门做好反家庭暴力工作。

县级以上人民政府有关部门、司法机关、人民团体、社会组织、居民委员会、村民委员会、企业事业单位，应当依照本法和有关法律规定，做好反家庭暴力工作。

各级人民政府应当对反家庭暴力工作给予必要的经费保障。

第 5 条 反家庭暴力工作遵循预防为主，教育、矫治与惩处相结合原则。

反家庭暴力工作应当尊重受害人真实意愿，保护当事人隐私。

未成年人、老年人、残疾人、孕期和哺乳期的妇女、重病患者遭受家庭暴力的，应当给予特殊保护。

第 6 条 国家开展家庭美德宣传教育，普及反家庭暴力知识，增强公民反家庭暴力意识。

工会、共产主义青年团、妇女联合会、残疾人联合会应当在各自工作范围内，组织开展家庭美德和反家庭暴力宣传教育。

广播、电视、报刊、网络等应当开展家庭美德和反家庭暴力宣传。

学校、幼儿园应当开展家庭美德和反家庭暴力教育。

第7条　县级以上人民政府有关部门、司法机关、妇女联合会应当将预防和制止家庭暴力纳入业务培训和统计工作。

医疗机构应当做好家庭暴力受害人的诊疗记录。

第8条　乡镇人民政府、街道办事处应当组织开展家庭暴力预防工作，居民委员会、村民委员会、社会工作服务机构应当予以配合协助。

第9条　各级人民政府应当支持社会工作服务机构等社会组织开展心理健康咨询、家庭关系指导、家庭暴力预防知识教育等服务。

第10条　人民调解组织应当依法调解家庭纠纷，预防和减少家庭暴力的发生。

第11条　用人单位发现本单位人员有家庭暴力情况的，应当给予批评教育，并做好家庭矛盾的调解、化解工作。

第13条　家庭暴力受害人及其法定代理人、近亲属可以向加害人或者受害人所在单位、居民委员会、村民委员会、妇女联合会等单位投诉、反映或者求助。有关单位接到家庭暴力投诉、反映或者求助后，应当给予帮助、处理。

家庭暴力受害人及其法定代理人、近亲属也可以向公安机关报案或者依法向人民法院起诉。

单位、个人发现正在发生的家庭暴力行为，有权及时劝阻。

第15条　公安机关接到家庭暴力报案后应当及时出警，制止家庭暴力，按照有关规定调查取证，协助受害人就医、鉴定伤情。

无民事行为能力人、限制民事行为能力人因家庭暴力身体受到严重伤害、面临人身安全威胁或者处于无人照料等危险状态的，公安机关应当通知并协助民政部门将其安置到临时庇护场所、救助管理机构或者福利机构。

第 16 条　家庭暴力情节较轻，依法不给予治安管理处罚的，由公安机关对加害人给予批评教育或者出具告诫书。

告诫书应当包括加害人的身份信息、家庭暴力的事实陈述、禁止加害人实施家庭暴力等内容。

第 17 条　公安机关应当将告诫书送交加害人、受害人，并通知居民委员会、村民委员会。

居民委员会、村民委员会、公安派出所应当对收到告诫书的加害人、受害人进行查访，监督加害人不再实施家庭暴力。

第 18 条　县级或者设区的市级人民政府可以单独或者依托救助管理机构设立临时庇护场所，为家庭暴力受害人提供临时生活帮助。

第 19 条　法律援助机构应当依法为家庭暴力受害人提供法律援助。

人民法院应当依法对家庭暴力受害人缓收、减收或者免收诉讼费用。

第 20 条　人民法院审理涉及家庭暴力的案件，可以根据公安机关出警记录、告诫书、伤情鉴定意见等证据，认定家庭暴力事实。

第 21 条　监护人实施家庭暴力严重侵害被监护人合法权益的，人民法院可以根据被监护人的近亲属、居民委员会、村民委员会、县级人民政府民政部门等有关人员或者单位的申请，依法撤销其监护人资格，另行指定监护人。

被撤销监护人资格的加害人，应当继续负担相应的赡养、扶养、抚养费用。

第 22 条　工会、共产主义青年团、妇女联合会、残疾人联合会、居民委员会、村民委员会等应当对实施家庭暴力的加害人进行法治教育，必要时可以对加害人、受害人进行心理辅导。

第 23 条　当事人因遭受家庭暴力或者面临家庭暴力的现实危险，向人民法院申请人身安全保护令的，人民法院应当受理。

当事人是无民事行为能力人、限制民事行为能力人，或者因受到强制、威吓等原因无法申请人身安全保护令的，其近亲属、公安机关、妇女联合会、居民委员会、村民委员会、救助管理机构可以代为申请。

第 24 条　申请人身安全保护令应当以书面方式提出；书面申请确有困难的，可以口头申请，由人民法院记入笔录。

第 25 条　人身安全保护令案件由申请人或者被申请人居住地、家庭暴力发生地的基层人民法院管辖。

第 26 条　人身安全保护令由人民法院以裁定形式作出。

第 27 条　作出人身安全保护令，应当具备下列条件：

（一）有明确的被申请人；

（二）有具体的请求；

（三）有遭受家庭暴力或者面临家庭暴力现实危险的情形。

第 28 条　人民法院受理申请后，应当在七十二小时内作出人身安全保护令或者驳回申请；情况紧急的，应当在二十四小时内作出。

第 29 条　人身安全保护令可以包括下列措施：

（一）禁止被申请人实施家庭暴力；

（二）禁止被申请人骚扰、跟踪、接触申请人及其相关近亲属；

（三）责令被申请人迁出申请人住所；

（四）保护申请人人身安全的其他措施。

第 30 条　人身安全保护令的有效期不超过六个月，自作出之日起生效。人身安全保护令失效前，人民法院可以根据申请人的申请撤销、变更或者延长。

第 31 条　申请人对驳回申请不服或者被申请人对人身安全

保护令不服的，可以自裁定生效之日起五日内向作出裁定的人民法院申请复议一次。人民法院依法作出人身安全保护令的，复议期间不停止人身安全保护令的执行。

第 32 条　人民法院作出人身安全保护令后，应当送达申请人、被申请人、公安机关以及居民委员会、村民委员会等有关组织。人身安全保护令由人民法院执行，公安机关以及居民委员会、村民委员会等应当协助执行。

行政法规及文件

5.《母婴保健法实施办法》（2022 年 3 月 29 日）

第 23 条　严禁采用技术手段对胎儿进行性别鉴定。

对怀疑胎儿可能为伴性遗传病，需要进行性别鉴定的，由省、自治区、直辖市人民政府卫生行政部门指定的医疗、保健机构按照国务院卫生行政部门的规定进行鉴定。

6.《中国妇女发展纲要（2021–2030）》（2021 年 9 月 8 日）

二、发展领域、主要目标和策略措施

（八）妇女与法律。

主要目标：

5. 严厉打击拐卖妇女、性侵害妇女等违法犯罪行为。

策略措施：

5. 坚决打击拐卖妇女犯罪。完善落实集预防、打击、救助、安置、康复于一体的反拐工作长效机制。坚持预防为主、防治结合，提高全社会的反拐意识以及妇女的防范意识和能力。深入实施反对拐卖人口行动计划，打击拐卖妇女犯罪团伙。整治“买方市场”，及时解救被拐妇女并帮助其正常融入社会。打击跨国跨区域拐卖妇女犯罪。

第二十二条 禁止拐卖、绑架妇女及发现报告和解救

禁止拐卖、绑架妇女；禁止收买被拐卖、绑架的妇女；禁止阻碍解救被拐卖、绑架的妇女。

各级人民政府和公安、民政、人力资源和社会保障、卫生健康等部门及村民委员会、居民委员会按照各自的职责及时发现报告，并采取措施解救被拐卖、绑架的妇女，做好被解救妇女的安置、救助和关爱等工作。妇女联合会协助和配合做好有关工作。任何组织和个人不得歧视被拐卖、绑架的妇女。

法　律

1.《刑法》（2020 年 12 月 26 日）

第 240 条　拐卖妇女、儿童的，处五年以上十年以下有期徒刑，并处罚金；有下列情形之一的，处十年以上有期徒刑或者无期徒刑，并处罚金或者没收财产；情节特别严重的，处死刑，并处没收财产：

（一）拐卖妇女、儿童集团的首要分子；

（二）拐卖妇女、儿童三人以上的；

（三）奸淫被拐卖的妇女的；

（四）诱骗、强迫被拐卖的妇女卖淫或者将被拐卖的妇女卖给他人迫使其卖淫的；

（五）以出卖为目的，使用暴力、胁迫或者麻醉方法绑架妇女、儿童的；

（六）以出卖为目的，偷盗婴幼儿的；

（七）造成被拐卖的妇女、儿童或者其亲属重伤、死亡或者其他严重后果的；

（八）将妇女、儿童卖往境外的。

拐卖妇女、儿童是指以出卖为目的，有拐骗、绑架、收买、

贩卖、接送、中转妇女、儿童的行为之一的。

第241条 收买被拐卖的妇女、儿童的，处三年以下有期徒刑、拘役或者管制。

收买被拐卖的妇女，强行与其发生性关系的，依照本法第二百三十六条的规定定罪处罚。

收买被拐卖的妇女、儿童，非法剥夺、限制其人身自由或者有伤害、侮辱等犯罪行为的，依照本法的有关规定定罪处罚。

收买被拐卖的妇女、儿童，并有第二款、第三款规定的犯罪行为的，依照数罪并罚的规定处罚。

收买被拐卖的妇女、儿童又出卖的，依照本法第二百四十条的规定定罪处罚。

收买被拐卖的妇女、儿童，对被买儿童没有虐待行为，不阻碍对其进行解救的，可以从轻处罚；按照被买妇女的意愿，不阻碍其返回原居住地的，可以从轻或者减轻处罚。

2.**《全国人民代表大会常务委员会关于严惩拐卖、绑架妇女、儿童的犯罪分子的决定》**（2009年8月27日）

为了严惩拐卖、绑架妇女、儿童的犯罪分子，保护妇女、儿童的人身安全，维护社会治安秩序，对刑法有关规定作如下补充修改：

一、拐卖妇女、儿童的，处5年以上10年以下有期徒刑，并处1万元以下罚金；有下列情形之一的，处10年以上有期徒刑或者无期徒刑，并处1万元以下罚金或者没收财产；情节特别严重的，处死刑，并处没收财产：

（一）拐卖妇女、儿童集团的首要分子；

（二）拐卖妇女、儿童三人以上的；

（三）奸淫被拐卖的妇女的；

（四）诱骗、强迫被拐卖的妇女卖淫或者将被拐卖的妇女卖给他人迫使其卖淫的；

（五）造成被拐卖的妇女、儿童或者其亲属重伤、死亡或者其他严重后果的；

（六）将妇女、儿童卖往境外的。

拐卖妇女、儿童是指以出卖为目的，有拐骗、收买、贩卖、接送、中转妇女、儿童的行为之一的。

二、以出卖为目的，使用暴力、胁迫或者麻醉方法绑架妇女、儿童的，处10年以上有期徒刑或者无期徒刑，并处1万元以下罚金或者没收财产；情节特别严重的，处死刑，并处没收财产。

以出卖或者勒索财物为目的，偷盗婴幼儿的，依照本条第一款的规定处罚。

以勒索财物为目的绑架他人的，依照本条第一款的规定处罚。

三、严禁收买被拐卖、绑架的妇女、儿童。收买被拐卖、绑架的妇女、儿童的，处3年以下有期徒刑、拘役或者管制。

收买被拐卖、绑架的妇女，强行与其发生性关系的，依照刑法关于强奸罪的规定处罚。

收买被拐卖、绑架的妇女、儿童，非法剥夺、限制其人身自由或者有伤害、侮辱、虐待等犯罪行为的，依照刑法的有关规定处罚。

收买被拐卖、绑架的妇女、儿童，并有本条第二款、第三款规定的犯罪行为的，依照刑法关于数罪并罚的规定处罚。

收买被拐卖、绑架的妇女、儿童又出卖的，依照本决定第一条的规定处罚。

收买被拐卖、绑架的妇女、儿童，按照被买妇女的意愿，不阻碍其返回原居住地的，对被买儿童没有虐待行为，不阻碍对其进行解救的，可以不追究刑事责任。

四、任何个人或者组织不得阻碍对被拐卖、绑架的妇女、儿童的解救，并不得向被拐卖、绑架的妇女、儿童及其家属或者解救人索要收买妇女、儿童的费用和生活费用，对已经索取的收买妇女、儿童的费用和生活费用，予以追回。

以暴力、威胁办法阻碍国家工作人员解救被收买的妇女、儿童的，依照刑法第一百五十七条的规定处罚；协助转移、隐藏或者以其他方法阻碍国家工作人员解救被收买的妇女、儿童，未使用暴力、威胁方法的，依照治安管理处罚法的规定处罚。

聚众阻碍国家工作人员解救被收买的妇女、儿童的首要分子，处5年以下有期徒刑或者拘役；其他参与者，依照本条第二款的规定处罚。

五、各级人民政府对被拐卖、绑架的妇女、儿童负有解救职责，解救工作由公安机关会同有关部门负责执行。负有解救职责的国家工作人员接到被拐卖、绑架的妇女、儿童及其家属的解救要求或者接到其他人的举报，而对被拐卖、绑架的妇女、儿童不进行解救，造成严重后果的，依照刑法第一百八十七条的规定处罚；情节较轻的，予以行政处分。

负有解救职责的国家工作人员利用职务阻碍解救的，处2年以上7年以下有期徒刑；情节较轻的，处2年以下有期徒刑或者拘役。

六、拐卖、绑架妇女、儿童的非法所得予以没收。

罚没收入一律上缴国库。

● 监察法规及文件

3.《**监察法实施条例**》（2021年9月20日）

第27条 监察机关依法调查公职人员涉嫌滥用职权犯罪，包括滥用职权罪，国有公司、企业、事业单位人员滥用职权罪，滥用管理公司、证券职权罪，食品、药品监管渎职罪，故意泄露国家秘密罪，报复陷害罪，阻碍解救被拐卖、绑架妇女、儿童罪，帮助犯罪分子逃避处罚罪，违法发放林木采伐许可证罪，办理偷越国（边）境人员出入境证件罪，放行偷越国（边）境人员罪，挪用特定款物罪，非法剥夺公民宗教信仰自由罪，侵犯少数民族风俗习惯罪，打击报复会计、统计人员罪，以及司法工作人员以外的公职人员利用职权实施的非法拘禁罪、虐待被监管人罪、非法搜查罪。

第 28 条　监察机关依法调查公职人员涉嫌玩忽职守犯罪，包括玩忽职守罪，国有公司、企业、事业单位人员失职罪，签订、履行合同失职被骗罪，国家机关工作人员签订、履行合同失职被骗罪，环境监管失职罪，传染病防治失职罪，商检失职罪，动植物检疫失职罪，不解救被拐卖、绑架妇女、儿童罪，失职造成珍贵文物损毁、流失罪，过失泄露国家秘密罪。

行政法规及文件

4.《中国妇女发展纲要（2021–2030）》（2021 年 9 月 8 日）

二、发展领域、主要目标和策略措施

（八）妇女与法律。

主要目标：

5. 严厉打击拐卖妇女、性侵害妇女等违法犯罪行为。

策略措施：

5. 坚决打击拐卖妇女犯罪。完善落实集预防、打击、救助、安置、康复于一体的反拐工作长效机制。坚持预防为主、防治结合，提高全社会的反拐意识以及妇女的防范意识和能力。深入实施反对拐卖人口行动计划，打击拐卖妇女犯罪团伙。整治“买方市场”，及时解救被拐妇女并帮助其正常融入社会。打击跨国跨区域拐卖妇女犯罪。

第二十三条　禁止对妇女实施性骚扰

禁止违背妇女意愿，以言语、文字、图像、肢体行为等方式对其实施性骚扰。

受害妇女可以向有关单位和国家机关投诉。接到投诉的有关单位和国家机关应当及时处理，并书面告知处理结果。

受害妇女可以向公安机关报案，也可以向人民法院提起民事诉讼，依法请求行为人承担民事责任。

法 律

1. **《民法典》**（2020 年 5 月 28 日）

第 1010 条 违背他人意愿，以言语、文字、图像、肢体行为等方式对他人实施性骚扰的，受害人有权依法请求行为人承担民事责任。

机关、企业、学校等单位应当采取合理的预防、受理投诉、调查处置等措施，防止和制止利用职权、从属关系等实施性骚扰。

2. **《刑法》**（2020 年 12 月 26 日）

第 237 条 以暴力、胁迫或者其他方法强制猥亵他人或者侮辱妇女的，处五年以下有期徒刑或者拘役。

聚众或者在公共场所当众犯前款罪的，或者有其他恶劣情节的，处五年以上有期徒刑。

猥亵儿童的，处五年以下有期徒刑；有下列情形之一的，处五年以上有期徒刑：

（一）猥亵儿童多人或者多次的；

（二）聚众猥亵儿童的，或者在公共场所当众猥亵儿童，情节恶劣的；

（三）造成儿童伤害或者其他严重后果的；

（四）猥亵手段恶劣或者有其他恶劣情节的。

3. **《治安管理处罚法》**（2012 年 10 月 26 日）

第 42 条 有下列行为之一的，处五日以下拘留或者五百元以下罚款；情节较重的，处五日以上十日以下拘留，可以并处五百元以下罚款：

（一）写恐吓信或者以其他方法威胁他人人身安全的；

（二）公然侮辱他人或者捏造事实诽谤他人的；

（三）捏造事实诬告陷害他人，企图使他人受到刑事追究或者受到治安管理处罚的；

（四）对证人及其近亲属进行威胁、侮辱、殴打或者打击报复的；

（五）多次发送淫秽、侮辱、恐吓或者其他信息，干扰他人正常生活的；

（六）偷窥、偷拍、窃听、散布他人隐私的。

行政法规及文件

4.《中国妇女发展纲要（2021-2030）》（2021年9月8日）

二、发展领域、主要目标和策略措施

（八）妇女与法律。

主要目标：

6. 提升预防和制止性骚扰的法治意识，有效遏制针对妇女的性骚扰。

7. 严厉打击利用网络对妇女实施的违法犯罪行为。

策略措施：

8. 预防和制止针对妇女的性骚扰。推动完善防治性骚扰相关立法。多形式多渠道传播防治性骚扰知识，提升妇女防范和制止性骚扰的意识和能力。建立健全预防和制止性骚扰工作机制，加强联防联控，发挥典型案例示范指引作用。预防和制止公共场所和工作、学习等场所发生的性骚扰，在机关、企业、学校等单位建立相关工作机制，预防和制止利用职权、从属关系等实施性骚扰。畅通救济途径。

9. 保障妇女免遭利用网络实施违法犯罪行为的侵害。加强网络信息内容生态治理，加强对网络淫秽色情信息的监管和查处，依法打击网络信息服务平台、生产者和使用者对妇女实施猥亵、侮辱、诽谤、性骚扰、散布谣言、侵犯隐私等违法犯罪行为。加强对网络平台的规范管理，保护妇女个人信息安全。依法惩治利用网络非法收集、使用、加工、传输、买卖、提供或者公开妇女个人信息的违法犯罪行为。提高妇女防范电信网络诈骗的意识和能力，严厉打击采取非法网络贷款、虚假投资、咨询服务等手段骗取妇女钱财的违法犯罪行为。

第二十四条 学校应建立预防和处置女学生受性侵害、性骚扰工作制度

学校应当根据女学生的年龄阶段，进行生理卫生、心理健康和自我保护教育，在教育、管理、设施等方面采取措施，提高其防范性侵害、性骚扰的自我保护意识和能力，保障女学生的人身安全和身心健康发展。

学校应当建立有效预防和科学处置性侵害、性骚扰的工作制度。对性侵害、性骚扰女学生的违法犯罪行为，学校不得隐瞒，应当及时通知受害未成年女学生的父母或者其他监护人，向公安机关、教育行政部门报告，并配合相关部门依法处理。

对遭受性侵害、性骚扰的女学生，学校、公安机关、教育行政部门等相关单位和人员应当保护其隐私和个人信息，并提供必要的保护措施。

● 法　律

1.《民法典》（2020 年 5 月 28 日）

第 1032 条　自然人享有隐私权。任何组织或者个人不得以刺探、侵扰、泄露、公开等方式侵害他人的隐私权。

隐私是自然人的私人生活安宁和不愿为他人知晓的私密空间、私密活动、私密信息。

第 1033 条　除法律另有规定或者权利人明确同意外，任何组织或者个人不得实施下列行为：

（一）以电话、短信、即时通讯工具、电子邮件、传单等方式侵扰他人的私人生活安宁；

（二）进入、拍摄、窥视他人的住宅、宾馆房间等私密空间；

（三）拍摄、窥视、窃听、公开他人的私密活动；

（四）拍摄、窥视他人身体的私密部位；

（五）处理他人的私密信息；

（六）以其他方式侵害他人的隐私权。

第 1039 条　国家机关、承担行政职能的法定机构及其工作人员对于履行职责过程中知悉的自然人的隐私和个人信息，应当予以保密，不得泄露或者向他人非法提供。

2.《刑法》（2020 年 12 月 26 日）

第 237 条　以暴力、胁迫或者其他方法强制猥亵他人或者侮辱妇女的，处五年以下有期徒刑或者拘役。

聚众或者在公共场所当众犯前款罪的，或者有其他恶劣情节的，处五年以上有期徒刑。

猥亵儿童的，处五年以下有期徒刑；有下列情形之一的，处五年以上有期徒刑：

（一）猥亵儿童多人或者多次的；

（二）聚众猥亵儿童的，或者在公共场所当众猥亵儿童，情节恶劣的；

（三）造成儿童伤害或者其他严重后果的；

（四）猥亵手段恶劣或者有其他恶劣情节的。

3.《未成年人保护法》（2020 年 10 月 17 日）

第 40 条　学校、幼儿园应当建立预防性侵害、性骚扰未成年人工作制度。对性侵害、性骚扰未成年人等违法犯罪行为，学校、幼儿园不得隐瞒，应当及时向公安机关、教育行政部门报告，并配合相关部门依法处理。

学校、幼儿园应当对未成年人开展适合其年龄的性教育，提高未成年人防范性侵害、性骚扰的自我保护意识和能力。对遭受性侵害、性骚扰的未成年人，学校、幼儿园应当及时采取相关的保护措施。

第 54 条 禁止拐卖、绑架、虐待、非法收养未成年人，禁止对未成年人实施性侵害、性骚扰。

禁止胁迫、引诱、教唆未成年人参加黑社会性质组织或者从事违法犯罪活动。

禁止胁迫、诱骗、利用未成年人乞讨。

4. **《反家庭暴力法》**（2015 年 12 月 27 日）

第 5 条 反家庭暴力工作遵循预防为主，教育、矫治与惩处相结合原则。

反家庭暴力工作应当尊重受害人真实意愿，保护当事人隐私。

未成年人、老年人、残疾人、孕期和哺乳期的妇女、重病患者遭受家庭暴力的，应当给予特殊保护。

行政法规及文件

5. **《学校卫生工作条例》**（1990 年 6 月 4 日）

第 12 条 学校在安排体育课以及劳动等体力活动时，应当注意女学生的生理特点，给予必要的照顾。

6. **《中国妇女发展纲要（2021-2030）》**（2021 年 9 月 8 日）

二、发展领域、主要目标和策略措施

（二）妇女与教育。

策略措施：

13. 构建平等尊重和安全友善的校园环境。促进建立相互尊重、平等和睦的师生、同学关系，鼓励学校设置生命教育、心理健康教育和防性侵、防性骚扰的相关课程，提高学生的自我保护意识和能力。中小学校建立完善预防性侵未成年人工作机制，高校建立完善预防性侵和性骚扰工作机制，加强日常管理、预防排查、投诉受理和调查处置。加强师德师风建设，履行查询法定义务，对不符合条件的教职人员进行处置。

第二十五条 用人单位预防和制止对妇女性骚扰的措施

用人单位应当采取下列措施预防和制止对妇女的性骚扰：

（一）制定禁止性骚扰的规章制度；

（二）明确负责机构或者人员；

（三）开展预防和制止性骚扰的教育培训活动；

（四）采取必要的安全保卫措施；

（五）设置投诉电话、信箱等，畅通投诉渠道；

（六）建立和完善调查处置程序，及时处置纠纷并保护当事人隐私和个人信息；

（七）支持、协助受害妇女依法维权，必要时为受害妇女提供心理疏导；

（八）其他合理的预防和制止性骚扰措施。

法　律

1.《民法典》（2020 年 5 月 28 日）

第 1010 条　违背他人意愿，以言语、文字、图像、肢体行为等方式对他人实施性骚扰的，受害人有权依法请求行为人承担民事责任。

机关、企业、学校等单位应当采取合理的预防、受理投诉、调查处置等措施，防止和制止利用职权、从属关系等实施性骚扰。

行政法规及文件

2.《女职工劳动保护特别规定》（2012 年 4 月 28 日）

第 11 条　在劳动场所，用人单位应当预防和制止对女职工的性骚扰。

3. **《中国妇女发展纲要（2021-2030）》**（2021年9月8日）

二、发展领域、主要目标和策略措施

（三）妇女与经济。

策略措施：

9. 保障女职工劳动权益。督促用人单位规范用工行为，依法与女职工签订劳动合同，推动签订女职工权益保护专项集体合同。加强劳动保障法律监督。指导用人单位建立预防和制止性骚扰工作机制，完善相关执法措施。加强劳动用工领域信用建设，加大对侵犯女职工劳动权益行为的失信惩戒力度。推动有条件的劳动人事争议仲裁机构设立女职工维权仲裁庭，依法处理女职工劳动争议案件。

● 案例指引

郑某诉霍某公司劳动合同纠纷案（最高人民法院指导案例181号）

案例要旨：用人单位的管理人员对被性骚扰员工的投诉，应采取合理措施进行处置。管理人员未采取合理措施或者存在纵容性骚扰行为、干扰对性骚扰行为调查等情形，用人单位以管理人员未尽岗位职责，严重违反规章制度为由解除劳动合同，管理人员主张解除劳动合同违法的，人民法院不予支持。

第二十六条　住宿经营者及时报告义务

住宿经营者应当及时准确登记住宿人员信息，健全住宿服务规章制度，加强安全保障措施；发现可能侵害妇女权益的违法犯罪行为，应当及时向公安机关报告。

● 法　律

1. **《治安管理处罚法》**（2012年10月26日）

第56条　旅馆业的工作人员对住宿的旅客不按规定登记姓

名、身份证件种类和号码的，或者明知住宿的旅客将危险物质带入旅馆，不予制止的，处二百元以上五百元以下罚款。

旅馆业的工作人员明知住宿的旅客是犯罪嫌疑人员或者被公安机关通缉的人员，不向公安机关报告的，处二百元以上五百元以下罚款；情节严重的，处五日以下拘留，可以并处五百元以下罚款。

行政法规及文件

2.《旅馆业治安管理办法》（2022 年 3 月 29 日）

第 6 条　旅馆接待旅客住宿必须登记。登记时，应当查验旅客的身份证件，按规定的项目如实登记。

接待境外旅客住宿，还应当在 24 小时内向当地公安机关报送住宿登记表。

第 12 条　旅馆内，严禁卖淫、嫖宿、赌博、吸毒、传播淫秽物品等违法犯罪活动。

第 13 条　旅馆内，不得酗酒滋事、大声喧哗，影响他人休息，旅客不得私自留客住宿或者转让床位。

第二十七条　禁止卖淫、嫖娼

禁止卖淫、嫖娼；禁止组织、强迫、引诱、容留、介绍妇女卖淫或者对妇女进行猥亵活动；禁止组织、强迫、引诱、容留、介绍妇女在任何场所或者利用网络进行淫秽表演活动。

法　律

1.《刑法》（2020 年 12 月 26 日）

第 236 条　以暴力、胁迫或者其他手段强奸妇女的，处三年以上十年以下有期徒刑。

奸淫不满十四周岁的幼女的，以强奸论，从重处罚。

强奸妇女、奸淫幼女，有下列情形之一的，处十年以上有期徒刑、无期徒刑或者死刑：

（一）强奸妇女、奸淫幼女情节恶劣的；

（二）强奸妇女、奸淫幼女多人的；

（三）在公共场所当众强奸妇女、奸淫幼女的；

（四）二人以上轮奸的；

（五）奸淫不满十周岁的幼女或者造成幼女伤害的；

（六）致使被害人重伤、死亡或者造成其他严重后果的。

第236条之一　对已满十四周岁不满十六周岁的未成年女性负有监护、收养、看护、教育、医疗等特殊职责的人员，与该未成年女性发生性关系的，处三年以下有期徒刑；情节恶劣的，处三年以上十年以下有期徒刑。

有前款行为，同时又构成本法第二百三十六条规定之罪的，依照处罚较重的规定定罪处罚。

第237条　以暴力、胁迫或者其他方法强制猥亵他人或者侮辱妇女的，处五年以下有期徒刑或者拘役。

聚众或者在公共场所当众犯前款罪的，或者有其他恶劣情节的，处五年以上有期徒刑。

猥亵儿童的，处五年以下有期徒刑；有下列情形之一的，处五年以上有期徒刑：

（一）猥亵儿童多人或者多次的；

（二）聚众猥亵儿童的，或者在公共场所当众猥亵儿童，情节恶劣的；

（三）造成儿童伤害或者其他严重后果的；

（四）猥亵手段恶劣或者有其他恶劣情节的。

第358条　组织、强迫他人卖淫的，处五年以上十年以下有期徒刑，并处罚金；情节严重的，处十年以上有期徒刑或者无期徒刑，并处罚金或者没收财产。

组织、强迫未成年人卖淫的，依照前款的规定从重处罚。

犯前两款罪，并有杀害、伤害、强奸、绑架等犯罪行为的，依照数罪并罚的规定处罚。

为组织卖淫的人招募、运送人员或者有其他协助组织他人卖淫行为的，处五年以下有期徒刑，并处罚金；情节严重的，处五年以上十年以下有期徒刑，并处罚金。

第 359 条　引诱、容留、介绍他人卖淫的，处五年以下有期徒刑、拘役或者管制，并处罚金；情节严重的，处五年以上有期徒刑，并处罚金。

引诱不满十四周岁的幼女卖淫的，处五年以上有期徒刑，并处罚金。

第 361 条　旅馆业、饮食服务业、文化娱乐业、出租汽车业等单位的人员，利用本单位的条件，组织、强迫、引诱、容留、介绍他人卖淫的，依照本法第三百五十八条、第三百五十九条的规定定罪处罚。

前款所列单位的主要负责人，犯前款罪的，从重处罚。

第 362 条　旅馆业、饮食服务业、文化娱乐业、出租汽车业等单位的人员，在公安机关查处卖淫、嫖娼活动时，为违法犯罪分子通风报信，情节严重的，依照本法第三百一十条的规定定罪处罚。

行政法规及文件

2.《中国妇女发展纲要（2021-2030）》（2021 年 9 月 8 日）

二、发展领域、主要目标和策略措施

（八）妇女与法律。

策略措施：

6. 加大对组织、强迫、引诱、容留、介绍卖淫等犯罪行为的打击力度。加强网络治理，利用大数据完善违法信息过滤、举报等功能，严厉打击利用网络组织、强迫、引诱、容留、介绍妇女卖淫。依法加大对强迫、引诱幼女和智力残疾妇女卖淫的打击力度。加强社会治安综合治理，建立常态化整治机制，鼓励群众监督和举报涉黄违法犯罪行为。

7. 有效控制和严厉惩处强奸、猥亵、侮辱妇女特别是女童和智力、精神残疾妇女的违法犯罪行为。加强防性侵教育，提高妇女尤其是女童的防性侵意识和能力。建立完善重点人群和家庭关爱服务机制、侵权案件发现报告机制、多部门联防联动机制和侵权案件推进工作督查制度。完善立案侦查制度，及时、全面、一次性收集固定证据，避免受害妇女遭受“二次伤害”。建立性侵害违法犯罪人员信息查询系统，完善和落实从业禁止制度。加强对受害妇女的隐私保护、心理疏导和干预。

9. 保障妇女免遭利用网络实施违法犯罪行为的侵害。加强网络信息内容生态治理，加强对网络淫秽色情信息的监管和查处，依法打击网络信息服务平台、生产者和使用者对妇女实施猥亵、侮辱、诽谤、性骚扰、散布谣言、侵犯隐私等违法犯罪行为。加强对网络平台的规范管理，保护妇女个人信息安全。依法惩治利用网络非法收集、使用、加工、传输、买卖、提供或者公开妇女个人信息的违法犯罪行为。提高妇女防范电信网络诈骗的意识和能力，严厉打击采取非法网络贷款、虚假投资、咨询服务等手段骗取妇女钱财的违法犯罪行为。

第二十八条　妇女人格权益受法律保护

妇女的姓名权、肖像权、名誉权、荣誉权、隐私权和个人信息等人格权益受法律保护。

媒体报道涉及妇女事件应当客观、适度，不得通过夸大事实、过度渲染等方式侵害妇女的人格权益。

禁止通过大众传播媒介或者其他方式贬低损害妇女人格。未经本人同意，不得通过广告、商标、展览橱窗、报纸、期刊、图书、音像制品、电子出版物、网络等形式使用妇女肖像，但法律另有规定的除外。

◉ 法　律

1.《民法典》（2020 年 5 月 28 日）

第 990 条　人格权是民事主体享有的生命权、身体权、健康权、姓名权、名称权、肖像权、名誉权、荣誉权、隐私权等权利。

除前款规定的人格权外，自然人享有基于人身自由、人格尊严产生的其他人格权益。

第 991 条　民事主体的人格权受法律保护，任何组织或者个人不得侵害。

第 992 条　人格权不得放弃、转让或者继承。

第 993 条　民事主体可以将自己的姓名、名称、肖像等许可他人使用，但是依照法律规定或者根据其性质不得许可的除外。

第 995 条　人格权受到侵害的，受害人有权依照本法和其他法律的规定请求行为人承担民事责任。受害人的停止侵害、排除妨碍、消除危险、消除影响、恢复名誉、赔礼道歉请求权，不适用诉讼时效的规定。

第 996 条　因当事人一方的违约行为，损害对方人格权并造成严重精神损害，受损害方选择请求其承担违约责任的，不影响受损害方请求精神损害赔偿。

第 997 条　民事主体有证据证明行为人正在实施或者即将实施侵害其人格权的违法行为，不及时制止将使其合法权益受到难以弥补的损害的，有权依法向人民法院申请采取责令行为人停止有关行为的措施。

第 998 条　认定行为人承担侵害除生命权、身体权和健康权外的人格权的民事责任，应当考虑行为人和受害人的职业、影响范围、过错程度，以及行为的目的、方式、后果等因素。

第 999 条　为公共利益实施新闻报道、舆论监督等行为的，可以合理使用民事主体的姓名、名称、肖像、个人信息等；使用不合理侵害民事主体人格权的，应当依法承担民事责任。

第1000条　行为人因侵害人格权承担消除影响、恢复名誉、赔礼道歉等民事责任的，应当与行为的具体方式和造成的影响范围相当。

行为人拒不承担前款规定的民事责任的，人民法院可以采取在报刊、网络等媒体上发布公告或者公布生效裁判文书等方式执行，产生的费用由行为人负担。

第1012条　自然人享有姓名权，有权依法决定、使用、变更或者许可他人使用自己的姓名，但是不得违背公序良俗。

第1014条　任何组织或者个人不得以干涉、盗用、假冒等方式侵害他人的姓名权或者名称权。

第1016条　自然人决定、变更姓名，或者法人、非法人组织决定、变更、转让名称的，应当依法向有关机关办理登记手续，但是法律另有规定的除外。

民事主体变更姓名、名称的，变更前实施的民事法律行为对其具有法律约束力。

第1017条　具有一定社会知名度，被他人使用足以造成公众混淆的笔名、艺名、网名、译名、字号、姓名和名称的简称等，参照适用姓名权和名称权保护的有关规定。

第1018条　自然人享有肖像权，有权依法制作、使用、公开或者许可他人使用自己的肖像。

肖像是通过影像、雕塑、绘画等方式在一定载体上所反映的特定自然人可以被识别的外部形象。

第1019条　任何组织或者个人不得以丑化、污损，或者利用信息技术手段伪造等方式侵害他人的肖像权。未经肖像权人同意，不得制作、使用、公开肖像权人的肖像，但是法律另有规定的除外。

未经肖像权人同意，肖像作品权利人不得以发表、复制、发行、出租、展览等方式使用或者公开肖像权人的肖像。

第 1020 条　合理实施下列行为的，可以不经肖像权人同意：

（一）为个人学习、艺术欣赏、课堂教学或者科学研究，在必要范围内使用肖像权人已经公开的肖像；

（二）为实施新闻报道，不可避免地制作、使用、公开肖像权人的肖像；

（三）为依法履行职责，国家机关在必要范围内制作、使用、公开肖像权人的肖像；

（四）为展示特定公共环境，不可避免地制作、使用、公开肖像权人的肖像；

（五）为维护公共利益或者肖像权人合法权益，制作、使用、公开肖像权人的肖像的其他行为。

第 1021 条　当事人对肖像许可使用合同中关于肖像使用条款的理解有争议的，应当作出有利于肖像权人的解释。

第 1022 条　当事人对肖像许可使用期限没有约定或者约定不明确的，任何一方当事人可以随时解除肖像许可使用合同，但是应当在合理期限之前通知对方。

当事人对肖像许可使用期限有明确约定，肖像权人有正当理由的，可以解除肖像许可使用合同，但是应当在合理期限之前通知对方。因解除合同造成对方损失的，除不可归责于肖像权人的事由外，应当赔偿损失。

第 1023 条　对姓名等的许可使用，参照适用肖像许可使用的有关规定。

对自然人声音的保护，参照适用肖像权保护的有关规定。

第 1024 条　民事主体享有名誉权。任何组织或者个人不得以侮辱、诽谤等方式侵害他人的名誉权。

名誉是对民事主体的品德、声望、才能、信用等的社会评价。

第 1025 条　行为人为公共利益实施新闻报道、舆论监督等行为，影响他人名誉的，不承担民事责任，但是有下列情形之一的除外：

（一）捏造、歪曲事实；

（二）对他人提供的严重失实内容未尽到合理核实义务；

（三）使用侮辱性言辞等贬损他人名誉。

第 1026 条　认定行为人是否尽到前条第二项规定的合理核实义务，应当考虑下列因素：

（一）内容来源的可信度；

（二）对明显可能引发争议的内容是否进行了必要的调查；

（三）内容的时限性；

（四）内容与公序良俗的关联性；

（五）受害人名誉受贬损的可能性；

（六）核实能力和核实成本。

第 1027 条　行为人发表的文学、艺术作品以真人真事或者特定人为描述对象，含有侮辱、诽谤内容，侵害他人名誉权的，受害人有权依法请求该行为人承担民事责任。

行为人发表的文学、艺术作品不以特定人为描述对象，仅其中的情节与该特定人的情况相似的，不承担民事责任。

第 1028 条　民事主体有证据证明报刊、网络等媒体报道的内容失实，侵害其名誉权的，有权请求该媒体及时采取更正或者删除等必要措施。

第 1029 条　民事主体可以依法查询自己的信用评价；发现信用评价不当的，有权提出异议并请求采取更正、删除等必要措施。信用评价人应当及时核查，经核查属实的，应当及时采取必要措施。

第 1030 条　民事主体与征信机构等信用信息处理者之间的关系，适用本编有关个人信息保护的规定和其他法律、行政法规的有关规定。

第 1031 条　民事主体享有荣誉权。任何组织或者个人不得非法剥夺他人的荣誉称号，不得诋毁、贬损他人的荣誉。

获得的荣誉称号应当记载而没有记载的，民事主体可以请求记载；获得的荣誉称号记载错误的，民事主体可以请求更正。

第 1032 条　自然人享有隐私权。任何组织或者个人不得以刺探、侵扰、泄露、公开等方式侵害他人的隐私权。

隐私是自然人的私人生活安宁和不愿为他人知晓的私密空间、私密活动、私密信息。

第 1033 条　除法律另有规定或者权利人明确同意外，任何组织或者个人不得实施下列行为：

（一）以电话、短信、即时通讯工具、电子邮件、传单等方式侵扰他人的私人生活安宁；

（二）进入、拍摄、窥视他人的住宅、宾馆房间等私密空间；

（三）拍摄、窥视、窃听、公开他人的私密活动；

（四）拍摄、窥视他人身体的私密部位；

（五）处理他人的私密信息；

（六）以其他方式侵害他人的隐私权。

第 1034 条　自然人的个人信息受法律保护。

个人信息是以电子或者其他方式记录的能够单独或者与其他信息结合识别特定自然人的各种信息，包括自然人的姓名、出生日期、身份证件号码、生物识别信息、住址、电话号码、电子邮箱、健康信息、行踪信息等。

个人信息中的私密信息，适用有关隐私权的规定；没有规定的，适用有关个人信息保护的规定。

第 1035 条　处理个人信息的，应当遵循合法、正当、必要原则，不得过度处理，并符合下列条件：

（一）征得该自然人或者其监护人同意，但是法律、行政法规另有规定的除外；

（二）公开处理信息的规则；

（三）明示处理信息的目的、方式和范围；

（四）不违反法律、行政法规的规定和双方的约定。

个人信息的处理包括个人信息的收集、存储、使用、加工、传输、提供、公开等。

第 1036 条　处理个人信息，有下列情形之一的，行为人不承担民事责任：

（一）在该自然人或者其监护人同意的范围内合理实施的行为；

（二）合理处理该自然人自行公开的或者其他已经合法公开的信息，但是该自然人明确拒绝或者处理该信息侵害其重大利益的除外；

（三）为维护公共利益或者该自然人合法权益，合理实施的其他行为。

第 1037 条　自然人可以依法向信息处理者查阅或者复制其个人信息；发现信息有错误的，有权提出异议并请求及时采取更正等必要措施。

自然人发现信息处理者违反法律、行政法规的规定或者双方的约定处理其个人信息的，有权请求信息处理者及时删除。

第 1038 条　信息处理者不得泄露或者篡改其收集、存储的个人信息；未经自然人同意，不得向他人非法提供其个人信息，但是经过加工无法识别特定个人且不能复原的除外。

信息处理者应当采取技术措施和其他必要措施，确保其收集、存储的个人信息安全，防止信息泄露、篡改、丢失；发生或者可能发生个人信息泄露、篡改、丢失的，应当及时采取补救措施，按照规定告知自然人并向有关主管部门报告。

第 1039 条　国家机关、承担行政职能的法定机构及其工作人员对于履行职责过程中知悉的自然人的隐私和个人信息，应当予以保密，不得泄露或者向他人非法提供。

2.《刑法》（2020 年 12 月 26 日）

第 253 条之一　违反国家有关规定，向他人出售或者提供公民个人信息，情节严重的，处三年以下有期徒刑或者拘役，并处或者单处罚金；情节特别严重的，处三年以上七年以下有期徒刑，并处罚金。

违反国家有关规定，将在履行职责或者提供服务过程中获得的公民个人信息，出售或者提供给他人的，依照前款的规定从重处罚。

窃取或者以其他方法非法获取公民个人信息的，依照第一款的规定处罚。

单位犯前三款罪的，对单位判处罚金，并对其直接负责的主管人员和其他直接责任人员，依照各该款的规定处罚。

第二十九条　人身安全保护令

禁止以恋爱、交友为由或者在终止恋爱关系、离婚之后，纠缠、骚扰妇女，泄露、传播妇女隐私和个人信息。

妇女遭受上述侵害或者面临上述侵害现实危险的，可以向人民法院申请人身安全保护令。

法　律

《反家庭暴力法》（2015 年 12 月 27 日）

第 23 条　当事人因遭受家庭暴力或者面临家庭暴力的现实危险，向人民法院申请人身安全保护令的，人民法院应当受理。

当事人是无民事行为能力人、限制民事行为能力人，或者因受到强制、威吓等原因无法申请人身安全保护令的，其近亲属、公安机关、妇女联合会、居民委员会、村民委员会、救助管理机构可以代为申请。

第 24 条　申请人身安全保护令应当以书面方式提出；书面

申请确有困难的，可以口头申请，由人民法院记入笔录。

第 25 条　人身安全保护令案件由申请人或者被申请人居住地、家庭暴力发生地的基层人民法院管辖。

第 26 条　人身安全保护令由人民法院以裁定形式作出。

第 27 条　作出人身安全保护令，应当具备下列条件：

（一）有明确的被申请人；

（二）有具体的请求；

（三）有遭受家庭暴力或者面临家庭暴力现实危险的情形。

第 28 条　人民法院受理申请后，应当在七十二小时内作出人身安全保护令或者驳回申请；情况紧急的，应当在二十四小时内作出。

第 29 条　人身安全保护令可以包括下列措施：

（一）禁止被申请人实施家庭暴力；

（二）禁止被申请人骚扰、跟踪、接触申请人及其相关近亲属；

（三）责令被申请人迁出申请人住所；

（四）保护申请人人身安全的其他措施。

第 30 条　人身安全保护令的有效期不超过六个月，自作出之日起生效。人身安全保护令失效前，人民法院可以根据申请人的申请撤销、变更或者延长。

第 31 条　申请人对驳回申请不服或者被申请人对人身安全保护令不服的，可以自裁定生效之日起五日内向作出裁定的人民法院申请复议一次。人民法院依法作出人身安全保护令的，复议期间不停止人身安全保护令的执行。

第 32 条　人民法院作出人身安全保护令后，应当送达申请人、被申请人、公安机关以及居民委员会、村民委员会等有关组织。人身安全保护令由人民法院执行，公安机关以及居民委员会、村民委员会等应当协助执行。

案例指引

钟某某申请诉后人身安全保护案①

申请人钟某某在离婚后仍然被前夫陈某无理纠缠，经常遭其辱骂、殴打和威胁，人身自由和社会交往仍受前夫的限制，是典型的控制型暴力行为受害者。为保护申请人的人身安全，防止“分手暴力”事件从民事转为刑事案件，法院裁定：禁止被申请人陈某骚扰、跟踪、威胁、殴打申请人钟某某，或与申请人钟某某以及未成年子女陈某某进行不受欢迎的接触；禁止被申请人陈某在距离申请人钟某某的住所或工作场所200米内活动；被申请人陈某探视子女时应征得子女的同意，并不得到申请人的家中进行探视。该保护令的有效期为六个月。经跟踪回访，申请人此后再没有受到被申请人的侵害或骚扰。

第三十条 妇女健康服务体系

国家建立健全妇女健康服务体系，保障妇女享有基本医疗卫生服务，开展妇女常见病、多发病的预防、筛查和诊疗，提高妇女健康水平。

国家采取必要措施，开展经期、孕期、产期、哺乳期和更年期的健康知识普及、卫生保健和疾病防治，保障妇女特殊生理时期的健康需求，为有需要的妇女提供心理健康服务支持。

法　律

1.《基本医疗卫生与健康促进法》（2019年12月28日）

第24条　国家发展妇幼保健事业，建立健全妇幼健康服务

① 《最高人民法院公布十起涉家庭暴力典型案例》，载最高人民法院网站，http://gongbao.court.gov.cn/details/a5da2b2a791db0241dae1b6ed8e579.html，2022年11月1日访问。

体系，为妇女、儿童提供保健及常见病防治服务，保障妇女、儿童健康。

国家采取措施，为公民提供婚前保健、孕产期保健等服务，促进生殖健康，预防出生缺陷。

2.《母婴保健法》（2017 年 11 月 4 日）

第 24 条　医疗保健机构为产妇提供科学育儿、合理营养和母乳喂养的指导。

医疗保健机构对婴儿进行体格检查和预防接种，逐步开展新生儿疾病筛查、婴儿多发病和常见病防治等医疗保健服务。

● 行政法规及文件

3.《母婴保健法实施办法》（2022 年 3 月 29 日）

第 6 条　各级人民政府应当将母婴保健工作纳入本级国民经济和社会发展计划，为母婴保健事业的发展提供必要的经济、技术和物质条件，并对少数民族地区、贫困地区的母婴保健事业给予特殊支持。

县级以上地方人民政府根据本地区的实际情况和需要，可以设立母婴保健事业发展专项资金。

第 7 条　国务院卫生行政部门主管全国母婴保健工作，履行下列职责：

（一）制定母婴保健法及本办法的配套规章和技术规范；

（二）按照分级分类指导的原则，制定全国母婴保健工作发展规划和实施步骤；

（三）组织推广母婴保健及其他生殖健康的适宜技术；

（四）对母婴保健工作实施监督。

第 8 条　县级以上各级人民政府财政、公安、民政、教育、劳动保障、计划生育等部门应当在各自职责范围内，配合同级卫生行政部门做好母婴保健工作。

第9条　母婴保健法第七条所称婚前卫生指导，包括下列事项：

（一）有关性卫生的保健和教育；

（二）新婚避孕知识及计划生育指导；

（三）受孕前的准备、环境和疾病对后代影响等孕前保健知识；

（四）遗传病的基本知识；

（五）影响婚育的有关疾病的基本知识；

（六）其他生殖健康知识。

医师进行婚前卫生咨询时，应当为服务对象提供科学的信息，对可能产生的后果进行指导，并提出适当的建议。

4. **《中国妇女发展纲要（2021–2030）》**（2021 年 9 月 8 日）

二、发展领域、主要目标和策略措施

（一）妇女与健康。

主要目标：

1. 妇女全生命周期享有良好的卫生健康服务，妇女人均预期寿命延长，人均健康预期寿命提高。

2. 孕产妇死亡率下降到 12/10 万以下，城乡、区域差距缩小。

3. 妇女的宫颈癌和乳腺癌防治意识明显提高。宫颈癌和乳腺癌综合防治能力不断增强。适龄妇女宫颈癌人群筛查率达到 70%以上，乳腺癌人群筛查率逐步提高。

4. 生殖健康和优生优育知识全面普及，促进健康孕育，减少非意愿妊娠。

5. 减少艾滋病、梅毒和乙肝母婴传播，艾滋病母婴传播率下降到 2%以下。

6. 妇女心理健康素养水平不断提升。妇女焦虑障碍、抑郁症患病率上升趋势减缓。

7. 普及健康知识，提高妇女健康素养水平。

8. 改善妇女营养状况。预防和减少孕产妇贫血。

9. 提高妇女经常参加体育锻炼的人数比例，提高妇女体质测定标准合格比例。

10. 健全妇幼健康服务体系，提升妇幼健康服务能力，妇女健康水平不断提高。

策略措施：

1. 完善保障妇女健康的制度机制。全面推进健康中国建设，把保障人民健康放在优先发展的战略位置，坚持预防为主，深入实施“健康中国行动”和“健康中国母亲行动”，健全政府主导、部门协同、社会参与、行业监管、科技支撑的妇女健康保障工作机制。深入推进医疗、医保、医药联动改革，统筹改革监管体制，保障妇女获得高质量、有效率、可负担的医疗和保健服务。多渠道支持妇女健康事业发展。完善公共卫生应急管理体系，关注妇女的特殊需求。

2. 加强妇幼健康服务体系建设。健全以妇幼保健机构为核心、以基层医疗卫生机构为基础、以大中型医院和教学科研机构为支撑的妇幼健康服务网络，提升妇幼健康服务供给能力和水平。省、市、县级充分利用现有资源，加强政府举办、标准化的妇幼保健机构建设，全面开展妇幼保健机构绩效考核，强化考核结果应用，保障妇女儿童享有高质量的医疗保健服务。省、市、县级依托现有医疗机构，全面加强危重孕产妇救治中心建设，强化危重孕产妇救治保障。强化县、乡、村三级妇幼卫生服务网络建设，完善基层网底和转诊网络。加强复合型妇幼健康人才和产科、助产等岗位急需紧缺人才的培养使用。

3. 建立完善妇女全生命周期健康管理模式。针对青春期、育龄期、孕产期、更年期和老年期妇女的健康需求，提供全方位健康管理服务。坚持保健与临床结合，预防为主、关口前移，发挥多学科协作优势，积极发挥中医药在妇幼保健和疾病防治中的作用。为妇女提供宣传教育、咨询指导、筛查评估、综合干预和应急救治等全方位卫生健康服务，提高妇女健康水平和人均健康预期寿命。加强监管，促进妇幼健康新业态规范发展。

4. 保障孕产妇安全分娩。提倡科学备孕和适龄怀孕，保持适宜生育间隔，合理控制剖宫产率。完善医疗机构产科质量规范化管理体系。提供生育全程基本医疗保健服务，将孕产妇健康管理纳入基本公共卫生服务范围，孕产妇系统管理率达到90%以上。加强对流动孕产妇的管理服务。为低收入孕产妇住院分娩和危重孕产妇救治提供必要救助。持续推进高龄孕产妇等重点人群的分类管理和服务。全面落实妊娠风险筛查与评估、高危孕产妇专案管理、危急重症救治、孕产妇死亡个案报告和约谈通报制度。有效运行危重孕产妇救治网络，提高危急重症救治能力。

5. 完善宫颈癌和乳腺癌综合防治体系和救助政策。提高妇女的宫颈癌和乳腺癌防治意识和能力，宫颈癌和乳腺癌防治知识知晓率达到90%以上。推进适龄妇女人乳头瘤病毒疫苗接种试点工作。落实基本公共卫生服务中农村妇女宫颈癌和乳腺癌检查项目，促进70%的妇女在35—45岁接受高效宫颈癌筛查，督促用人单位落实女职工保健工作规定，定期进行女职工宫颈癌和乳腺癌筛查，提高人群筛查率。加强宫颈癌和乳腺癌筛查和诊断技术创新应用，提高筛查和服务能力，加强监测评估。强化筛查和后续诊治服务的衔接，促进早诊早治，宫颈癌患者治疗率达到90%以上。加强对困难患者的救助。

6. 提高妇女生殖健康水平。普及生殖道感染、性传播疾病等疾病防控知识。在学校教育不同阶段以多种形式开展科学、实用的健康教育，促进学生掌握生殖健康知识，提高自我保护能力。增强男女两性性道德、性健康、性安全意识，倡导共担避孕责任。将生殖健康服务融入妇女健康管理全过程，保障妇女享有避孕节育知情自主选择权。落实基本避孕服务项目，加强产后和流产后避孕节育服务，提高服务可及性，预防非意愿妊娠。推进婚前医学检查、孕前优生健康检查、增补叶酸等婚前孕前保健服务更加公平可及。减少非医学需要的人工流产。加强对女性健康安全用品产品的质量保障。规范不孕不育症诊疗服务。规范人类辅助生殖技术应用。

7. 加强艾滋病梅毒乙肝母婴传播防治。全面落实预防艾滋病、梅毒和乙肝母婴传播综合干预措施，提高孕早期检测率，孕产妇艾滋病、梅毒和乙肝检测率达到98%以上，艾滋病、梅毒孕产妇感染者治疗率达到95%以上。加大艾滋病防控力度，加强艾滋病防治知识和相关政策宣传教育，提高妇女的防范意识和能力。加强对妇女感染者特别是流动和欠发达地区妇女感染者的医疗服务，提高随访率。为孕产妇感染者及其家庭提供多种形式的健康咨询、心理和社会支持等服务。

8. 促进妇女心理健康。加强心理健康相关知识宣传，根据妇女需要开展心理咨询、评估和指导，促进妇女掌握基本的心理调适方法，预防抑郁、焦虑等心理问题。在心理健康和精神卫生服务体系建设中，重点关注青春期、孕产期、更年期和老年期妇女的心理健康。强化心理咨询和治疗技术在妇女保健和疾病防治中的应用。加大应用型心理健康和社会工作人员培养力度，促进医疗机构、心理健康和社会工作服务机构提供规范服务。鼓励社区为有需要的妇女提供心理健康服务支持。

9. 提升妇女健康素养。实施健康知识普及行动，加大妇女健康知识普及力度，建立完善健康科普专家库和资源库，持续深入开展健康科普宣传教育，规范发布妇女健康信息，引导妇女树立科学的健康理念，学习健康知识，掌握身心健康、预防疾病、科学就医、合理用药等知识技能。提高妇女参与传染病防控、应急避险的意识和能力。面向妇女开展控制烟草危害、拒绝酗酒、远离毒品宣传教育。引导妇女积极投身爱国卫生运动，养成文明健康生活方式。

10. 提高妇女营养水平。持续开展营养健康科普宣传教育，因地制宜开展营养和膳食指导，提高妇女对营养标签的知晓率，促进妇女学习掌握营养知识，均衡饮食、吃动平衡，预防控制营养不良和肥胖。面向不同年龄阶段妇女群体开发营养健康宣传信息和产品，提供有针对性的服务。开展孕产妇营养监测和定期评估，预防和减少孕产妇缺铁性贫血。预防控制老年妇女低体重和贫血。

11. 引导妇女积极参与全民健身行动。完善全民健身公共服务体系。引导妇女有效利用全民健身场地设施，积极参与全民健身赛事活动，加入各类健身组织。提倡机关、企事业单位开展工间操。鼓励支持工会组织、社区开展妇女健身活动，不断提高妇女的体育活动意识，培养运动习惯。

12. 强化妇女健康服务科技支撑。推进“互联网+妇幼健康”，促进大数据、云计算、人工智能、计算机仿真技术等在妇女健康领域的创新应用。实施妇女人群健康管理和健康风险预警。促进信息技术在妇女健康领域专科医联体建设中的应用，加强医疗机构间的协作，促进分级诊疗和上下联动。促进妇女身心健康领域的科学研究和成果转化。发挥妇产疾病领域国家临床医学研究中心的作用。

第三十一条 妇幼保健和妇女卫生健康

县级以上地方人民政府应当设立妇幼保健机构，为妇女提供保健以及常见病防治服务。

国家鼓励和支持社会力量通过依法捐赠、资助或者提供志愿服务等方式，参与妇女卫生健康事业，提供安全的生理健康用品或者服务，满足妇女多样化、差异化的健康需求。

用人单位应当定期为女职工安排妇科疾病、乳腺疾病检查以及妇女特殊需要的其他健康检查。

法 律

1.《母婴保健法》（2017 年 11 月 4 日）

第 14 条　医疗保健机构应当为育龄妇女和孕产妇提供孕产期保健服务。

孕产期保健服务包括下列内容：

（一）母婴保健指导：对孕育健康后代以及严重遗传性疾病和碘缺乏病等地方病的发病原因、治疗和预防方法提供医学意见；

（二）孕妇、产妇保健：为孕妇、产妇提供卫生、营养、心理等方面的咨询和指导以及产前定期检查等医疗保健服务；

（三）胎儿保健：为胎儿生长发育进行监护，提供咨询和医学指导；

（四）新生儿保健：为新生儿生长发育、哺乳和护理提供医疗保健服务。

行政法规及文件

2.《母婴保健法实施办法》（2022 年 3 月 29 日）

第 17 条　医疗、保健机构应当为育龄妇女提供有关避孕、节育、生育、不育和生殖健康的咨询和医疗保健服务。

医师发现或者怀疑育龄夫妻患有严重遗传性疾病的，应当提出医学意见；限于现有医疗技术水平难以确诊的，应当向当事人说明情况。育龄夫妻可以选择避孕、节育、不孕等相应的医学措施。

第三十二条　生育权利与自由

妇女依法享有生育子女的权利，也有不生育子女的自由。

法 律

《人口与计划生育法》（2021 年 8 月 20 日）

第 22 条 禁止歧视、虐待生育女婴的妇女和不育的妇女。

禁止歧视、虐待、遗弃女婴。

第三十三条 妇女全生育周期系统保健制度

国家实行婚前、孕前、孕产期和产后保健制度，逐步建立妇女全生育周期系统保健制度。医疗保健机构应当提供安全、有效的医疗保健服务，保障妇女生育安全和健康。

有关部门应当提供安全、有效的避孕药具和技术，保障妇女的健康和安全。

法 律

1.《人口与计划生育法》（2021 年 8 月 20 日）

第 19 条 国家创造条件，保障公民知情选择安全、有效、适宜的避孕节育措施。实施避孕节育手术，应当保证受术者的安全。

第 38 条 计划生育技术服务人员应当指导实行计划生育的公民选择安全、有效、适宜的避孕措施。

国家鼓励计划生育新技术、新药具的研究、应用和推广。

行政法规及文件

2.《母婴保健法实施办法》（2022 年 3 月 29 日）

第 7 条 国务院卫生行政部门主管全国母婴保健工作，履行下列职责：

（一）制定母婴保健法及本办法的配套规章和技术规范；

（二）按照分级分类指导的原则，制定全国母婴保健工作发展规划和实施步骤；

（三）组织推广母婴保健及其他生殖健康的适宜技术；

（四）对母婴保健工作实施监督。

第9条　母婴保健法第七条所称婚前卫生指导，包括下列事项：

（一）有关性卫生的保健和教育；

（二）新婚避孕知识及计划生育指导；

（三）受孕前的准备、环境和疾病对后代影响等孕前保健知识；

（四）遗传病的基本知识；

（五）影响婚育的有关疾病的基本知识；

（六）其他生殖健康知识。

医师进行婚前卫生咨询时，应当为服务对象提供科学的信息，对可能产生的后果进行指导，并提出适当的建议。

第17条　医疗、保健机构应当为育龄妇女提供有关避孕、节育、生育、不育和生殖健康的咨询和医疗保健服务。

医师发现或者怀疑育龄夫妻患有严重遗传性疾病的，应当提出医学意见；限于现有医疗技术水平难以确诊的，应当向当事人说明情况。育龄夫妻可以选择避孕、节育、不孕等相应的医学措施。

第18条　医疗、保健机构应当为孕产妇提供下列医疗保健服务：

（一）为孕产妇建立保健手册（卡），定期进行产前检查；

（二）为孕产妇提供卫生、营养、心理等方面的医学指导与咨询；

（三）对高危孕妇进行重点监护、随访和医疗保健服务；

（四）为孕产妇提供安全分娩技术服务；

（五）定期进行产后访视，指导产妇科学喂养婴儿；

（六）提供避孕咨询指导和技术服务；

（七）对产妇及其家属进行生殖健康教育和科学育儿知识教育；

（八）其他孕产期保健服务。

第19条　医疗、保健机构发现孕妇患有下列严重疾病或者接触物理、化学、生物等有毒、有害因素，可能危及孕妇生命安全或者可能严重影响孕妇健康和胎儿正常发育的，应当对孕妇进行医学指导和下列必要的医学检查：

（一）严重的妊娠合并症或者并发症；

（二）严重的精神性疾病；

（三）国务院卫生行政部门规定的严重影响生育的其他疾病。

第20条　孕妇有下列情形之一的，医师应当对其进行产前诊断：

（一）羊水过多或者过少的；

（二）胎儿发育异常或者胎儿有可疑畸形的；

（三）孕早期接触过可能导致胎儿先天缺陷的物质的；

（四）有遗传病家族史或者曾经分娩过先天性严重缺陷婴儿的；

（五）初产妇年龄超过35周岁的。

第22条　生育过严重遗传性疾病或者严重缺陷患儿的，再次妊娠前，夫妻双方应当按照国家有关规定到医疗、保健机构进行医学检查。医疗、保健机构应当向当事人介绍有关遗传性疾病的知识，给予咨询、指导。对诊断患有医学上认为不宜生育的严重遗传性疾病的，医师应当向当事人说明情况，并提出医学意见。

第三十四条　规划、建设基础设施时应考虑妇女特殊需求

各级人民政府在规划、建设基础设施时，应当考虑妇女的特殊需求，配备满足妇女需要的公共厕所和母婴室等公共设施。

法　律

1.《未成年人保护法》（2020年10月17日）

第46条　国家鼓励大型公共场所、公共交通工具、旅游景

区景点等设置母婴室、婴儿护理台以及方便幼儿使用的坐便器、洗手台等卫生设施，为未成年人提供便利。

第84条　各级人民政府应当发展托育、学前教育事业，办好婴幼儿照护服务机构、幼儿园，支持社会力量依法兴办母婴室、婴幼儿照护服务机构、幼儿园。

县级以上地方人民政府及其有关部门应当培养和培训婴幼儿照护服务机构、幼儿园的保教人员，提高其职业道德素质和业务能力。

行政法规及文件

2.**《女职工劳动保护特别规定》**（2012年4月28日）

第10条　女职工比较多的用人单位应当根据女职工的需要，建立女职工卫生室、孕妇休息室、哺乳室等设施，妥善解决女职工在生理卫生、哺乳方面的困难。

3.**《中国妇女发展纲要（2021–2030）》**（2021年9月8日）

二、发展领域、主要目标和策略措施

（七）妇女与环境。

主要目标：

7. 稳步提高农村卫生厕所普及率，城镇公共厕所男女厕位比例标准化建设与实际需求相适应。

策略措施：

9. 加强符合妇女需求的卫生厕所建设。推进城镇公共厕所改造，完善落实城镇公共厕所设计标准，推动将男女厕位比例规范化建设和达标率纳入文明城市、文明社区、文明村镇、文明单位、文明校园的评选标准。分类有序推进农村厕所革命，稳步提高卫生厕所普及率，加强厕所粪污无害化处理与资源化利用。推动旅游景区、商场、客运枢纽和服务区等公共场所建设第三卫生间。

第四章　文化教育权益

第三十五条　保障妇女平等的文化教育权利

国家保障妇女享有与男子平等的文化教育权利。

● 宪　法

1. **《宪法》**（2018 年 3 月 11 日）

第 48 条　中华人民共和国妇女在政治的、经济的、文化的、社会的和家庭的生活等各方面享有同男子平等的权利。

国家保护妇女的权利和利益，实行男女同工同酬，培养和选拔妇女干部。

● 法　律

2. **《职业教育法》**（2022 年 4 月 20 日）

第 10 条第 5 款　国家保障妇女平等接受职业教育的权利。

3. **《教育法》**（2021 年 4 月 29 日）

第 37 条　受教育者在入学、升学、就业等方面依法享有平等权利。

学校和有关行政部门应当按照国家有关规定，保障女子在入学、升学、就业、授予学位、派出留学等方面享有同男子平等的权利。

● 行政法规及文件

4. **《中国妇女发展纲要（2021-2030）》**（2021 年 9 月 8 日）

二、发展领域、主要目标和策略措施

（二）妇女与教育。

主要目标：

2. 教育工作全面贯彻男女平等基本国策。

3. 大中小学性别平等教育全面推进，教师和学生的男女平等意识明显增强。

4. 女童平等接受义务教育，九年义务教育巩固率提高到96%以上。

5. 女性平等接受高中阶段教育，高中阶段教育毛入学率达到并保持在92%以上。

策略措施：

2. 将贯彻落实男女平等基本国策体现在教育工作全过程。增强教育工作者自觉贯彻男女平等基本国策的主动性和能动性。将男女平等基本国策落实到教育法规政策和规划制定、修订、执行和评估中，落实到各级各类教育内容、教学过程、学校管理中。加强对教材编制、课程设置、教学过程的性别平等评估。在师范类院校课程设置和教学、各级各类师资培训中加入性别平等内容。

3. 推动各级各类学校广泛开展性别平等教育。适时出台性别平等教育工作指导意见。推动因地制宜开发性别平等课程，加强专题师资培训。促进性别平等教育融入学校教学内容、校园文化、社团活动和社会实践活动。探索构建学校教育、家庭教育、社会教育相结合的性别平等教育模式。

4. 保障女童平等接受义务教育的权利和机会。深化教育教学改革，加快城乡义务教育一体化发展，均衡配置教育资源，确保女童平等接受公平优质的义务教育。健全精准控辍保学长效机制，加强分类指导，督促法定监护人依法保障女童接受义务教育，切实解决义务教育女童失学辍学问题。保障欠发达地区女童、留守女童、农业转移人口随迁子女以及残疾女童的受教育权利和机会。支持学业困难女童完成义务教育，提高女童义务教育巩固率。

5. 提高女性接受普通高中教育的比例。保障女性特别是欠发达地区和农村低收入家庭女性平等接受普通高中教育的权利和机会。鼓励普通高中多样化有特色发展，满足女性全面发展和个性化发展需求。有针对性地开展学科选择和职业生涯规划指导，提高女性自主选择能力，破除性别因素对女性学业和职业发展的影响。

6. 促进女性接受高质量职业教育。完善学历教育与培训并重的现代职业教育体系，优化专业设置，提供多种学习方式，支持女性获得职业技能等级证书，培养复合型技术技能女性人才和能工巧匠、大国工匠。鼓励职业院校面向高校女毕业生、女农民工、去产能分流女职工等重点人群开展就业创业和职业技能培训。

7. 保障女性平等接受高等教育的权利和机会。严格控制招生过程中的特殊专业范围，强化监管，建立约谈、处罚机制。保持高校在校生中男女比例的均衡。采取激励措施，提高女性在科学、技术、工程、数学等学科学生中的比例，支持数理化生等基础学科基地和前沿科学中心建设，加强对基础学科拔尖女生的培养。

第三十六条 保障适龄女性未成年人接受并完成义务教育

父母或者其他监护人应当履行保障适龄女性未成年人接受并完成义务教育的义务。

对无正当理由不送适龄女性未成年人入学的父母或者其他监护人，由当地乡镇人民政府或者县级人民政府教育行政部门给予批评教育，依法责令其限期改正。居民委员会、村民委员会应当协助政府做好相关工作。

政府、学校应当采取有效措施，解决适龄女性未成年人就学存在的实际困难，并创造条件，保证适龄女性未成年人完成义务教育。

● 法　律

1.《教育法》（2021 年 4 月 29 日）

第 9 条 中华人民共和国公民有受教育的权利和义务。

公民不分民族、种族、性别、职业、财产状况、宗教信仰等，依法享有平等的受教育机会。

第 18 条 国家制定学前教育标准，加快普及学前教育，构建覆盖城乡，特别是农村的学前教育公共服务体系。

各级人民政府应当采取措施，为适龄儿童接受学前教育提供条件和支持。

第 19 条 国家实行九年制义务教育制度。

各级人民政府采取各种措施保障适龄儿童、少年就学。

适龄儿童、少年的父母或者其他监护人以及有关社会组织和个人有义务使适龄儿童、少年接受并完成规定年限的义务教育。

2.《义务教育法》（2018 年 12 月 29 日）

第 2 条 国家实行九年义务教育制度。

义务教育是国家统一实施的所有适龄儿童、少年必须接受的教育，是国家必须予以保障的公益性事业。

实施义务教育，不收学费、杂费。

国家建立义务教育经费保障机制，保证义务教育制度实施。

第 4 条 凡具有中华人民共和国国籍的适龄儿童、少年，不分性别、民族、种族、家庭财产状况、宗教信仰等，依法享有平等接受义务教育的权利，并履行接受义务教育的义务。

第 5 条 各级人民政府及其有关部门应当履行本法规定的各项职责，保障适龄儿童、少年接受义务教育的权利。

适龄儿童、少年的父母或者其他法定监护人应当依法保证其按时入学接受并完成义务教育。

依法实施义务教育的学校应当按照规定标准完成教育教学任务，保证教育教学质量。

社会组织和个人应当为适龄儿童、少年接受义务教育创造良好的环境。

第 11 条　凡年满六周岁的儿童，其父母或者其他法定监护人应当送其入学接受并完成义务教育；条件不具备的地区的儿童，可以推迟到七周岁。

适龄儿童、少年因身体状况需要延缓入学或者休学的，其父母或者其他法定监护人应当提出申请，由当地乡镇人民政府或者县级人民政府教育行政部门批准。

第 12 条　适龄儿童、少年免试入学。地方各级人民政府应当保障适龄儿童、少年在户籍所在地学校就近入学。

父母或者其他法定监护人在非户籍所在地工作或者居住的适龄儿童、少年，在其父母或者其他法定监护人工作或者居住地接受义务教育的，当地人民政府应当为其提供平等接受义务教育的条件。具体办法由省、自治区、直辖市规定。

县级人民政府教育行政部门对本行政区域内的军人子女接受义务教育予以保障。

第 13 条　县级人民政府教育行政部门和乡镇人民政府组织和督促适龄儿童、少年入学，帮助解决适龄儿童、少年接受义务教育的困难，采取措施防止适龄儿童、少年辍学。

居民委员会和村民委员会协助政府做好工作，督促适龄儿童、少年入学。

第 58 条　适龄儿童、少年的父母或者其他法定监护人无正当理由未依照本法规定送适龄儿童、少年入学接受义务教育的，由当地乡镇人民政府或者县级人民政府教育行政部门给予批评教育，责令限期改正。

● 行政法规及文件

3.《中国妇女发展纲要（2021-2030）》（2021 年 9 月 8 日）

二、发展领域、主要目标和策略措施

（二）妇女与教育。

主要目标：

4. 女童平等接受义务教育，九年义务教育巩固率提高到 96% 以上。

策略措施：

4. 保障女童平等接受义务教育的权利和机会。深化教育教学改革，加快城乡义务教育一体化发展，均衡配置教育资源，确保女童平等接受公平优质的义务教育。健全精准控辍保学长效机制，加强分类指导，督促法定监护人依法保障女童接受义务教育，切实解决义务教育女童失学辍学问题。保障欠发达地区女童、留守女童、农业转移人口随迁子女以及残疾女童的受教育权利和机会。支持学业困难女童完成义务教育，提高女童义务教育巩固率。

第三十七条 保障妇女平等享有接受教育的权利和机会

学校和有关部门应当执行国家有关规定，保障妇女在入学、升学、授予学位、派出留学、就业指导和服务等方面享有与男子平等的权利。

学校在录取学生时，除国家规定的特殊专业外，不得以性别为由拒绝录取女性或者提高对女性的录取标准。

各级人民政府应当采取措施，保障女性平等享有接受中高等教育的权利和机会。

● 法 律

1.《教育法》（2021 年 4 月 29 日）

第 37 条 受教育者在入学、升学、就业等方面依法享有平等权利。

学校和有关行政部门应当按照国家有关规定，保障女子在入学、升学、就业、授予学位、派出留学等方面享有同男子平等的权利。

行政法规及文件

2. **《中国妇女发展纲要（2021-2030）》**（2021 年 9 月 8 日）

二、发展领域、主要目标和策略措施

（二）妇女与教育。

主要目标：

6. 女性接受职业教育的水平逐步提高。

7. 高校在校生中男女比例保持均衡，高等教育学科专业的性别结构逐步趋于平衡。

8. 大力培养女性科技人才。男女两性的科学素质水平差距不断缩小。

策略措施：

6. 促进女性接受高质量职业教育。完善学历教育与培训并重的现代职业教育体系，优化专业设置，提供多种学习方式，支持女性获得职业技能等级证书，培养复合型技术技能女性人才和能工巧匠、大国工匠。鼓励职业院校面向高校女毕业生、女农民工、去产能分流女职工等重点人群开展就业创业和职业技能培训。

7. 保障女性平等接受高等教育的权利和机会。严格控制招生过程中的特殊专业范围，强化监管，建立约谈、处罚机制。保持高校在校生中男女比例的均衡。采取激励措施，提高女性在科学、技术、工程、数学等学科学生中的比例，支持数理化生等基础学科基地和前沿科学中心建设，加强对基础学科拔尖女生的培养。

8. 大力提高女性科学素质。开展全民科学素质行动，利用现代信息化手段，加大面向女性的科学知识教育、传播与普及力度。开展女科学家进校园活动，发挥优秀女科技人才的榜样引领作用。引导中小学女生参加各类科普活动和科技竞赛，培养科学兴趣、创新精神和实践能力。鼓励女大学生积极参与项目设计、社会实践、创新创业、科技竞赛等活动。深入实施农村妇女素质提升计划，支持农村妇女参与农业农村现代化建设。

9. 大力加强女性科技人才培养。探索建立多层次女性科技人才培养体系，培养具有国际竞争力的女性科技人才。关注培养义务教育阶段女生爱科学、学科学的兴趣和志向。引导高中阶段女生养成科学兴趣和钻研精神，支持有意愿的女生报考理工类院校。加大女性创新型、应用型人才培养力度，鼓励女大学生参与科研项目，在实践中培养科学精神和创新能力。引导女性从事科学和技术相关工作，增加女性科技人才参与继续教育和专业培训的机会。

第三十八条 扫除妇女文盲、半文盲工作

各级人民政府应当依照规定把扫除妇女中的文盲、半文盲工作，纳入扫盲和扫盲后继续教育规划，采取符合妇女特点的组织形式和工作方法，组织、监督有关部门具体实施。

行政法规及文件

1. **《扫除文盲工作条例》**（1993 年 8 月 1 日）

第 2 条 凡年满 15 周岁以上的文盲、半文盲公民，除丧失学习能力的以外，不分性别、民族、种族，均有接受扫除文盲教育的权利和义务。

对丧失学习能力者的鉴定，由县级人民政府教育行政部门组织进行。

第 3 条 地方各级人民政府应当加强对扫除文盲工作的领

导，制订本地区的规划和措施，组织有关方面分工协作，具体实施，并按规划的要求完成扫除文盲任务。地方各级教育行政部门应当加强对扫除文盲工作的具体管理。

城乡基层单位的扫除文盲工作，在当地人民政府的领导下，由单位行政领导负责。

村民委员会、居民委员会应当积极协助组织扫除文盲工作。

第 14 条　国家教育委员会定期对在扫除文盲工作中做出突出贡献的单位或个人颁发“扫盲奖”。地方各级人民政府也应当对在扫除文盲工作中成绩显著的单位或个人予以表彰、奖励。

对在规定期限内具备学习条件而不参加扫除文盲学习的适龄文盲、半文盲公民，当地人民政府应当进行批评教育，并采取切实有效的措施组织入学，使其达到脱盲标准。

2.《**中国妇女发展纲要（2021-2030）**》（2021 年 9 月 8 日）

二、发展领域、主要目标和策略措施

（二）妇女与教育。

主要目标：

10. 女性青壮年文盲基本消除。女性平均受教育年限不断提高。

策略措施：

11. 持续巩固女性青壮年扫盲成果，加大普通话推广力度。完善扫盲工作机制，加强国家通用语言文字教育，消除女童辍学现象，杜绝产生女性青壮年新文盲。普通话培训及各类职业培训向欠发达地区妇女和残疾妇女等群体倾斜。深化扫盲后的继续教育。提高妇女平均受教育年限。

第三十九条　为妇女终身学习创造条件

国家健全全民终身学习体系，为妇女终身学习创造条件。

各级人民政府和有关部门应当采取措施，根据城镇和农村妇女的需要，组织妇女接受职业教育和实用技术培训。

● 法　律

1.《职业教育法》（2022 年 4 月 20 日）

第 10 条第 5 款　国家保障妇女平等接受职业教育的权利。

第 14 条　国家建立健全适应经济社会发展需要，产教深度融合，职业学校教育和职业培训并重，职业教育与普通教育相互融通，不同层次职业教育有效贯通，服务全民终身学习的现代职业教育体系。

国家优化教育结构，科学配置教育资源，在义务教育后的不同阶段因地制宜、统筹推进职业教育与普通教育协调发展。

2.《教育法》（2021 年 4 月 29 日）

第 20 条　国家实行职业教育制度和继续教育制度。

各级人民政府、有关行政部门和行业组织以及企业事业组织应当采取措施，发展并保障公民接受职业学校教育或者各种形式的职业培训。

国家鼓励发展多种形式的继续教育，使公民接受适当形式的政治、经济、文化、科学、技术、业务等方面的教育，促进不同类型学习成果的互认和衔接，推动全民终身学习。

3.《公共文化服务保障法》（2016 年 12 月 25 日）

第 14 条　本法所称公共文化设施是指用于提供公共文化服务的建筑物、场地和设备，主要包括图书馆、博物馆、文化馆（站）、美术馆、科技馆、纪念馆、体育场馆、工人文化宫、青少年宫、妇女儿童活动中心、老年人活动中心、乡镇（街道）和村（社区）基层综合性文化服务中心、农家（职工）书屋、公共阅报栏（屏）、广播电视播出传输覆盖设施、公共数字文化服务点等。

县级以上地方人民政府应当将本行政区域内的公共文化设施目录及有关信息予以公布。

第 36 条　地方各级人民政府应当根据当地实际情况，在人员流动量较大的公共场所、务工人员较为集中的区域以及留守妇女儿童较为集中的农村地区，配备必要的设施，采取多种形式，提供便利可及的公共文化服务。

4. **《科学技术普及法》**（2002 年 6 月 29 日）

第 18 条 工会、共产主义青年团、妇女联合会等社会团体应当结合各自工作对象的特点组织开展科普活动。

行政法规及文件

5. **《中国妇女发展纲要（2021-2030）》**（2021 年 9 月 8 日）

二、发展领域、主要目标和策略措施

（二）妇女与教育。

主要目标：

9. 促进女性树立终身学习意识，女性接受终身教育水平不断提高。

策略措施：

10. 为女性终身学习提供支持。建立完善更加开放灵活的终身学习体系，完善注册学习、弹性学习和继续教育制度，拓宽学历教育渠道，满足女性多样化学习需求，关注因生育中断学业和职业女性的发展需求。建立健全国家学分银行和学习成果认定制度。扩大教育资源供给，为女性提供便捷的社区和在线教育，为进城务工女性、女性新市民、待业女性等提供有针对性的职业技能培训。

第四十条 保障妇女在文化活动中享有平等的权利

国家机关、社会团体和企业事业单位应当执行国家有关规定，保障妇女从事科学、技术、文学、艺术和其他文化活动，享有与男子平等的权利。

● 法 律

1.《职业教育法》（2022 年 4 月 20 日）

第 10 条第 5 款　国家保障妇女平等接受职业教育的权利。

第 14 条　国家建立健全适应经济社会发展需要，产教深度融合，职业学校教育和职业培训并重，职业教育与普通教育相互融通，不同层次职业教育有效贯通，服务全民终身学习的现代职业教育体系。

国家优化教育结构，科学配置教育资源，在义务教育后的不同阶段因地制宜、统筹推进职业教育与普通教育协调发展。

2.《教育法》（2021 年 4 月 29 日）

第 20 条　国家实行职业教育制度和继续教育制度。

各级人民政府、有关行政部门和行业组织以及企业事业组织应当采取措施，发展并保障公民接受职业学校教育或者各种形式的职业培训。

国家鼓励发展多种形式的继续教育，使公民接受适当形式的政治、经济、文化、科学、技术、业务等方面的教育，促进不同类型学习成果的互认和衔接，推动全民终身学习。

3.《公共文化服务保障法》（2016 年 12 月 25 日）

第 14 条　本法所称公共文化设施是指用于提供公共文化服务的建筑物、场地和设备，主要包括图书馆、博物馆、文化馆（站）、美术馆、科技馆、纪念馆、体育场馆、工人文化宫、青少年宫、妇女儿童活动中心、老年人活动中心、乡镇（街道）和村（社区）基层综合性文化服务中心、农家（职工）书屋、公共阅报栏（屏）、广播电视播出传输覆盖设施、公共数字文化服务点等。

县级以上地方人民政府应当将本行政区域内的公共文化设施目录及有关信息予以公布。

第 36 条　地方各级人民政府应当根据当地实际情况，在人员流动量较大的公共场所、务工人员较为集中的区域以及留守妇女儿童较为集中的农村地区，配备必要的设施，采取多种形式，提供便利可及的公共文化服务。

4.《**科学技术普及法**》（2002 年 6 月 29 日）

第 18 条 工会、共产主义青年团、妇女联合会等社会团体应当结合各自工作对象的特点组织开展科普活动。

第五章 劳动和社会保障权益

第四十一条 保障妇女平等的劳动权利和社会保障权利

国家保障妇女享有与男子平等的劳动权利和社会保障权利。

宪 法

1.《**宪法**》（2018 年 3 月 11 日）

第 48 条 中华人民共和国妇女在政治的、经济的、文化的、社会的和家庭的生活等各方面享有同男子平等的权利。

国家保护妇女的权利和利益，实行男女同工同酬，培养和选拔妇女干部。

法 律

2.《**地方各级人民代表大会和地方各级人民政府组织法**》（2022 年 3 月 11 日）

第 11 条 县级以上的地方各级人民代表大会行使下列职权：

……

（十五）保障宪法和法律赋予妇女的男女平等、同工同酬和婚姻自由等各项权利。

第 12 条 乡、民族乡、镇的人民代表大会行使下列职权：

……

（十四）保障宪法和法律赋予妇女的男女平等、同工同酬和婚姻自由等各项权利。

……

第 73 条　县级以上的地方各级人民政府行使下列职权：

……

（十）保障宪法和法律赋予妇女的男女平等、同工同酬和婚姻自由等各项权利；

……

第 76 条　乡、民族乡、镇的人民政府行使下列职权：

……

（六）保障宪法和法律赋予妇女的男女平等、同工同酬和婚姻自由等各项权利；

……

3.《**劳动法**》（2018 年 12 月 29 日）

第 13 条　妇女享有与男子平等的就业权利。在录用职工时，除国家规定的不适合妇女的工种或者岗位外，不得以性别为由拒绝录用妇女或者提高对妇女的录用标准。

4.《**就业促进法**》（2015 年 4 月 24 日）

第 27 条　国家保障妇女享有与男子平等的劳动权利。

用人单位招用人员，除国家规定的不适合妇女的工种或者岗位外，不得以性别为由拒绝录用妇女或者提高对妇女的录用标准。

用人单位录用女职工，不得在劳动合同中规定限制女职工结婚、生育的内容。

第 28 条　各民族劳动者享有平等的劳动权利。

用人单位招用人员，应当依法对少数民族劳动者给予适当照顾。

第 29 条　国家保障残疾人的劳动权利。

各级人民政府应当对残疾人就业统筹规划，为残疾人创造就业条件。

用人单位招用人员，不得歧视残疾人。

第 30 条　用人单位招用人员，不得以是传染病病原携带者为由拒绝录用。但是，经医学鉴定传染病病原携带者在治愈前或者排除传染嫌疑前，不得从事法律、行政法规和国务院卫生行政部门规定禁止从事的易使传染病扩散的工作。

第 31 条　农村劳动者进城就业享有与城镇劳动者平等的劳动权利，不得对农村劳动者进城就业设置歧视性限制。

第四十二条　政府和有关部门应防止和纠正就业性别歧视

各级人民政府和有关部门应当完善就业保障政策措施，防止和纠正就业性别歧视，为妇女创造公平的就业创业环境，为就业困难的妇女提供必要的扶持和援助。

法　律

1. **《就业促进法》**（2015 年 4 月 24 日）

第 25 条　各级人民政府创造公平就业的环境，消除就业歧视，制定政策并采取措施对就业困难人员给予扶持和援助。

第 35 条　县级以上人民政府建立健全公共就业服务体系，设立公共就业服务机构，为劳动者免费提供下列服务：

（一）就业政策法规咨询；

（二）职业供求信息、市场工资指导价位信息和职业培训信息发布；

（三）职业指导和职业介绍；

（四）对就业困难人员实施就业援助；

（五）办理就业登记、失业登记等事务；

（六）其他公共就业服务。

公共就业服务机构应当不断提高服务的质量和效率，不得从事经营性活动。

公共就业服务经费纳入同级财政预算。

第 52 条　各级人民政府建立健全就业援助制度，采取税费减免、贷款贴息、社会保险补贴、岗位补贴等办法，通过公益性岗位安置等途径，对就业困难人员实行优先扶持和重点帮助。

就业困难人员是指因身体状况、技能水平、家庭因素、失去土地等原因难以实现就业，以及连续失业一定时间仍未能实现就业的人员。就业困难人员的具体范围，由省、自治区、直辖市人民政府根据本行政区域的实际情况规定。

第 53 条　政府投资开发的公益性岗位，应当优先安排符合岗位要求的就业困难人员。被安排在公益性岗位工作的，按照国家规定给予岗位补贴。

第 54 条　地方各级人民政府加强基层就业援助服务工作，对就业困难人员实施重点帮助，提供有针对性的就业服务和公益性岗位援助。

地方各级人民政府鼓励和支持社会各方面为就业困难人员提供技能培训、岗位信息等服务。

● 行政法规及文件

2. **《人力资源市场暂行条例》**（2018 年 6 月 29 日）

第 15 条　公共人力资源服务机构提供下列服务，不得收费：

（一）人力资源供求、市场工资指导价位、职业培训等信息发布；

（二）职业介绍、职业指导和创业开业指导；

（三）就业创业和人才政策法规咨询；

（四）对就业困难人员实施就业援助；

（五）办理就业登记、失业登记等事务；

（六）办理高等学校、中等职业学校、技工学校毕业生接收手续；

（七）流动人员人事档案管理；

（八）县级以上人民政府确定的其他服务。

3.《全民所有制工业企业转换经营机制条例》（2011年1月8日）

第17条第1至3款　企业享有劳动用工权。

企业按照面向社会、公开招收、全面考核、择优录用的原则，自主决定招工的时间、条件、方式、数量。企业的招工范围，法律和国务院已有规定的，从其规定。企业从所在城镇人口中招工，不受城镇内行政区划的限制。

企业录用退出现役的军人、少数民族人员、妇女和残疾人，法律和国务院已有规定的，从其规定。

4.《劳动合同法实施条例》（2008年9月18日）

第12条　地方各级人民政府及县级以上地方人民政府有关部门为安置就业困难人员提供的给予岗位补贴和社会保险补贴的公益性岗位，其劳动合同不适用劳动合同法有关无固定期限劳动合同的规定以及支付经济补偿的规定。

5.《中国妇女发展纲要（2021-2030）》（2021年9月8日）

二、发展领域、主要目标和策略措施

（三）妇女与经济。

主要目标：

2. 促进平等就业，消除就业性别歧视。就业人员中的女性比例保持在45%左右。促进女大学生充分就业。

3. 优化妇女就业结构。城镇单位就业人员中的女性比例达到40%左右。

4. 促进女性人才发展。高级专业技术人员中的女性比例达到40%，促进女性劳动者提升职业技能水平。

策略措施：

2. 加大消除就业性别歧视工作力度。全面落实消除就业性别歧视的法律法规政策，创造性别平等的就业机制和市场环境。对招聘、录用环节涉嫌性别歧视的用人单位进行联合约谈，依法惩处。督促用人单位加强就业性别歧视自查自纠。发挥劳动保障法律监督作用，对涉嫌就业性别歧视的用人单位提出纠正意见，或者向相关行政部门提出处理建议。依法受理涉及就业性别歧视的诉讼。发挥行业协会、商会协调监督作用，提高行业自律意识。党政机关、国有企事业单位在招录（聘）和职工晋职晋级、评定专业技术职称等方面发挥男女平等的示范引领作用。

3. 促进妇女就业创业。健全公共就业服务体系，深化就业服务专项活动，促进妇女就业的人岗对接。充分发挥现代服务业和新业态吸纳妇女就业的功能，支持妇女参与新业态新模式从业人员技能培训。加大帮扶力度，多渠道帮助就业困难妇女实现就业。扶持民族传统手工艺品产业发展，提高组织化程度，促进各族妇女就地就近就业。支持女性科技人才投身科技创业，发展农村电子商务，鼓励外出务工妇女返乡创业，支持有意愿的妇女下乡创业。创新金融、保险产品和服务模式，拓宽妇女创业融资渠道。

4. 促进女大学生就业创业。加强职业生涯规划指导服务，引导女大学生树立正确的择业就业观，提升就业能力。完善落实就业创业支持政策，高校和属地政府提供不断线的就业服务，拓宽女大学生市场化社会化就业渠道。鼓励女大学生到基层、中小微企业或新经济领域就业。推广女大学生创业导师制，开展女大学生创新创业大赛，支持女大学生创业。对有就业意愿的离校未就业女毕业生提供就业帮扶。

5. 改善妇女就业结构。完善终身职业技能培训制度，提升妇女职业技能水平，大力培育知识型、技能型、创新型女性劳动者。不断提高妇女在高新技术产业、战略性新兴产业和现代服务业从业人员中的比例。逐步消除职业性别隔离，提高城镇单位就业人员中的女性比例。扩大农村妇女转移就业规模，缩小男女转移就业差距。

6. 加强女性专业技术和技能人才队伍建设。制定相关政策，强化制度保障，支持女性科技人才承担科技计划项目、参与科技决策咨询、拓展科研学术网络、提升国际影响力和活跃度，完善女性科技人才评价激励机制，培养高层次女性科技人才。实施科技创新巾帼行动，搭建平台、提供服务，激励女性科技人才、技术技能人才立足岗位锐意创新。加强对女性专业技术和技能人才专业知识、科研管理、创新创业等的培训。加强典型宣传，发挥榜样引领作用。

案例指引

闫某诉浙江喜某公司平等就业权纠纷案（最高人民法院指导案例185号）

案例要旨：用人单位在招用人员时，基于地域、性别等与“工作内在要求”无必然联系的因素，对劳动者进行无正当理由的差别对待的，构成就业歧视，劳动者以平等就业权受到侵害，请求用人单位承担相应法律责任的，人民法院应予支持。

第四十三条　用人单位招录时不得实施性别歧视行为

用人单位在招录（聘）过程中，除国家另有规定外，不得实施下列行为：

（一）限定为男性或者规定男性优先；

（二）除个人基本信息外，进一步询问或者调查女性求职者的婚育情况；

（三）将妊娠测试作为入职体检项目；

（四）将限制结婚、生育或者婚姻、生育状况作为录（聘）用条件；

（五）其他以性别为由拒绝录（聘）用妇女或者差别化地提高对妇女录（聘）用标准的行为。

法　律

1. **《劳动法》**（2018 年 12 月 29 日）

第 12 条　劳动者就业，不因民族、种族、性别、宗教信仰不同而受歧视。

第 13 条　妇女享有与男子平等的就业权利。在录用职工时，除国家规定的不适合妇女的工种或者岗位外，不得以性别为由拒绝录用妇女或者提高对妇女的录用标准。

2. **《就业促进法》**（2015 年 4 月 24 日）

第 3 条　劳动者依法享有平等就业和自主择业的权利。

劳动者就业，不因民族、种族、性别、宗教信仰等不同而受歧视。

第 27 条　国家保障妇女享有与男子平等的劳动权利。

用人单位招用人员，除国家规定的不适合妇女的工种或者岗位外，不得以性别为由拒绝录用妇女或者提高对妇女的录用标准。

用人单位录用女职工，不得在劳动合同中规定限制女职工结婚、生育的内容。

行政法规及文件

3. **《人力资源市场暂行条例》**（2018 年 6 月 29 日）

第 24 条　用人单位发布或者向人力资源服务机构提供的单位基本情况、招聘人数、招聘条件、工作内容、工作地点、基本劳动报酬等招聘信息，应当真实、合法，不得含有民族、种族、性别、宗教信仰等方面的歧视性内容。

用人单位自主招用人员，需要建立劳动关系的，应当依法与劳动者订立劳动合同，并按照国家有关规定办理社会保险等相关手续。

第四十四条　劳动合同应具备女职工特殊保护条款

用人单位在录（聘）用女职工时，应当依法与其签订劳动（聘用）合同或者服务协议，劳动（聘用）合同或者服务协议中应当具备女职工特殊保护条款，并不得规定限制女职工结婚、生育等内容。

职工一方与用人单位订立的集体合同中应当包含男女平等和女职工权益保护相关内容，也可以就相关内容制定专章、附件或者单独订立女职工权益保护专项集体合同。

● 法　律

1.《劳动法》（2018 年 12 月 29 日）

第 58 条　国家对女职工和未成年工实行特殊劳动保护。

未成年工是指年满十六周岁未满十八周岁的劳动者。

第 59 条　禁止安排女职工从事矿山井下、国家规定的第四级体力劳动强度的劳动和其他禁忌从事的劳动。

第 60 条　不得安排女职工在经期从事高处、低温、冷水作业和国家规定的第三级体力劳动强度的劳动。

第 61 条　不得安排女职工在怀孕期间从事国家规定的第三级体力劳动强度的劳动和孕期禁忌从事的劳动。对怀孕七个月以上的女职工，不得安排其延长工作时间和夜班劳动。

第 62 条　女职工生育享受不少于九十天的产假。

第 63 条　不得安排女职工在哺乳未满一周岁的婴儿期间从事国家规定的第三级体力劳动强度的劳动和哺乳期禁忌从事的其他劳动，不得安排其延长工作时间和夜班劳动。

2.《就业促进法》（2015年4月24日）

第27条第3款　用人单位录用女职工，不得在劳动合同中规定限制女职工结婚、生育的内容。

3.《劳动合同法》（2012年12月28日）

第51条　企业职工一方与用人单位通过平等协商，可以就劳动报酬、工作时间、休息休假、劳动安全卫生、保险福利等事项订立集体合同。集体合同草案应当提交职工代表大会或者全体职工讨论通过。

集体合同由工会代表企业职工一方与用人单位订立；尚未建立工会的用人单位，由上级工会指导劳动者推举的代表与用人单位订立。

第52条　企业职工一方与用人单位可以订立劳动安全卫生、女职工权益保护、工资调整机制等专项集体合同。

第53条　在县级以下区域内，建筑业、采矿业、餐饮服务业等行业可以由工会与企业方面代表订立行业性集体合同，或者订立区域性集体合同。

第54条　集体合同订立后，应当报送劳动行政部门；劳动行政部门自收到集体合同文本之日起十五日内未提出异议的，集体合同即行生效。

依法订立的集体合同对用人单位和劳动者具有约束力。行业性、区域性集体合同对当地本行业、本区域的用人单位和劳动者具有约束力。

第55条　集体合同中劳动报酬和劳动条件等标准不得低于当地人民政府规定的最低标准；用人单位与劳动者订立的劳动合同中劳动报酬和劳动条件等标准不得低于集体合同规定的标准。

第56条　用人单位违反集体合同，侵犯职工劳动权益的，工会可以依法要求用人单位承担责任；因履行集体合同发生争议，经协商解决不成的，工会可以依法申请仲裁、提起诉讼。

4.《**全民所有制工业企业法**》（2009 年 8 月 27 日）

第 49 条 职工有参加企业民主管理的权利，有对企业的生产和工作提出意见和建议的权利；有依法享受劳动保护、劳动保险、休息、休假的权利；有向国家机关反映真实情况，对企业领导干部提出批评和控告的权利。女职工有依照国家规定享受特殊劳动保护和劳动保险的权利。

行政法规及文件

5.《**中国妇女发展纲要（2021-2030）**》（2021 年 9 月 8 日）

二、发展领域、主要目标和策略措施

（三）妇女与经济。

策略措施：

9. 保障女职工劳动权益。督促用人单位规范用工行为，依法与女职工签订劳动合同，推动签订女职工权益保护专项集体合同。加强劳动保障法律监督。指导用人单位建立预防和制止性骚扰工作机制，完善相关执法措施。加强劳动用工领域信用建设，加大对侵犯女职工劳动权益行为的失信惩戒力度。推动有条件的劳动人事争议仲裁机构设立女职工维权仲裁庭，依法处理女职工劳动争议案件。

第四十五条 男女同工同酬

实行男女同工同酬。妇女在享受福利待遇方面享有与男子平等的权利。

宪 法

1.《**宪法**》（2018 年 3 月 11 日）

第 48 条 中华人民共和国妇女在政治的、经济的、文化的、社会的和家庭的生活等各方面享有同男子平等的权利。

国家保护妇女的权利和利益，实行男女同工同酬，培养和选拔妇女干部。

● 法　律

2.《**劳动法**》（2018 年 12 月 29 日）

第 46 条第 1 款　工资分配应当遵循按劳分配原则，实行同工同酬。

● 行政法规及文件

3.《**中国妇女发展纲要（2021－2030）**》（2021 年 9 月 8 日）

二、发展领域、主要目标和策略措施

（三）妇女与经济。

主要目标：

5. 保障妇女获得公平的劳动报酬，男女收入差距明显缩小。

策略措施：

7. 缩小男女两性收入差距。全面落实男女同工同酬，保障收入公平。促进女性对知识、技术、管理、数据等生产要素的掌握和应用，提高女性职业竞争力。督促用人单位制定实施男女平等的人力资源制度，畅通女性职业发展和职务职级晋升通道。探索开展薪酬调查，加强对收入的分性别统计，动态掌握男女两性收入状况。

第四十六条　晋职、晋级等不得歧视妇女

在晋职、晋级、评聘专业技术职称和职务、培训等方面，应当坚持男女平等的原则，不得歧视妇女。

● 宪　法

1.《**宪法**》（2018 年 3 月 11 日）

第 48 条　中华人民共和国妇女在政治的、经济的、文化的、社会的和家庭的生活等各方面享有同男子平等的权利。

国家保护妇女的权利和利益，实行男女同工同酬，培养和选

拔妇女干部。

法　律

2.《地方各级人民代表大会和地方各级人民政府组织法》（2022年3月11日）

第11条　县级以上的地方各级人民代表大会行使下列职权：

……

（十五）保障宪法和法律赋予妇女的男女平等、同工同酬和婚姻自由等各项权利。

第12条　乡、民族乡、镇的人民代表大会行使下列职权：

……

（十四）保障宪法和法律赋予妇女的男女平等、同工同酬和婚姻自由等各项权利。

……

第73条　县级以上的地方各级人民政府行使下列职权：

……

（十）保障宪法和法律赋予妇女的男女平等、同工同酬和婚姻自由等各项权利；

……

第76条　乡、民族乡、镇的人民政府行使下列职权：

……

（六）保障宪法和法律赋予妇女的男女平等、同工同酬和婚姻自由等各项权利；

……

行政法规及文件

3.《女职工劳动保护特别规定》（2012年4月28日）

第12条　县级以上人民政府人力资源社会保障行政部门、安全生产监督管理部门按照各自职责负责对用人单位遵守本规定的情况进行监督检查。

工会、妇女组织依法对用人单位遵守本规定的情况进行监督。

第四十七条 保护妇女工作和劳动时的安全、健康及休息的权利

用人单位应当根据妇女的特点，依法保护妇女在工作和劳动时的安全、健康以及休息的权利。

妇女在经期、孕期、产期、哺乳期受特殊保护。

法 律

1. **《人口与计划生育法》**（2021 年 8 月 20 日）

第 26 条 妇女怀孕、生育和哺乳期间，按照国家有关规定享受特殊劳动保护并可以获得帮助和补偿。国家保障妇女就业合法权益，为因生育影响就业的妇女提供就业服务。

公民实行计划生育手术，享受国家规定的休假。

2. **《劳动法》**（2018 年 12 月 29 日）

第 59 条 禁止安排女职工从事矿山井下、国家规定的第四级体力劳动强度的劳动和其他禁忌从事的劳动。

第 60 条 不得安排女职工在经期从事高处、低温、冷水作业和国家规定的第三级体力劳动强度的劳动。

第 61 条 不得安排女职工在怀孕期间从事国家规定的第三级体力劳动强度的劳动和孕期禁忌从事的劳动。对怀孕七个月以上的女职工，不得安排其延长工作时间和夜班劳动。

第 62 条 女职工生育享受不少于九十天的产假。

第 63 条 不得安排女职工在哺乳未满一周岁的婴儿期间从事国家规定的第三级体力劳动强度的劳动和哺乳期禁忌从事的其他劳动，不得安排其延长工作时间和夜班劳动。

3.《职业病防治法》（2018 年 12 月 29 日）

第 38 条　用人单位不得安排未成年工从事接触职业病危害的作业；不得安排孕期、哺乳期的女职工从事对本人和胎儿、婴儿有危害的作业。

4.《社会保险法》（2018 年 12 月 29 日）

第 56 条　职工有下列情形之一的，可以按照国家规定享受生育津贴：

（一）女职工生育享受产假；

（二）享受计划生育手术休假；

（三）法律、法规规定的其他情形。

生育津贴按照职工所在用人单位上年度职工月平均工资计发。

5.《矿山安全法》（2009 年 8 月 27 日）

第 29 条　矿山企业不得录用未成年人从事矿山井下劳动。

矿山企业对女职工按照国家规定实行特殊劳动保护，不得分配女职工从事矿山井下劳动。

● 行政法规及文件

6.《母婴保健法实施办法》（2022 年 3 月 29 日）

第 30 条　妇女享有国家规定的产假。有不满 1 周岁婴儿的妇女，所在单位应当在劳动时间内为其安排一定的哺乳时间。

7.《学校体育工作条例》（2017 年 3 月 1 日）

第 19 条　各级教育行政部门和学校应当有计划地安排体育教师进修培训。对体育教师的职务聘任、工资待遇应当与其他任课教师同等对待。按照国家有关规定，有关部门应当妥善解决体育教师的工作服装和粮食定量。

体育教师组织课间操（早操）、课外体育活动和课余训练、体育竞赛应当计算工作量。

学校对妊娠、产后的女体育教师，应当依照《女职工劳动保护规定》给予相应的照顾。

8.《**女职工劳动保护特别规定**》（2012年4月28日）

第3条 用人单位应当加强女职工劳动保护，采取措施改善女职工劳动安全卫生条件，对女职工进行劳动安全卫生知识培训。

第4条 用人单位应当遵守女职工禁忌从事的劳动范围的规定。用人单位应当将本单位属于女职工禁忌从事的劳动范围的岗位书面告知女职工。

女职工禁忌从事的劳动范围由本规定附录列示。国务院安全生产监督管理部门会同国务院人力资源社会保障行政部门、国务院卫生行政部门根据经济社会发展情况，对女职工禁忌从事的劳动范围进行调整。

第6条 女职工在孕期不能适应原劳动的，用人单位应当根据医疗机构的证明，予以减轻劳动量或者安排其他能够适应的劳动。

对怀孕7个月以上的女职工，用人单位不得延长劳动时间或者安排夜班劳动，并应当在劳动时间内安排一定的休息时间。

怀孕女职工在劳动时间内进行产前检查，所需时间计入劳动时间。

第7条 女职工生育享受98天产假，其中产前可以休假15天；难产的，增加产假15天；生育多胞胎的，每多生育1个婴儿，增加产假15天。

女职工怀孕未满4个月流产的，享受15天产假；怀孕满4个月流产的，享受42天产假。

第8条 女职工产假期间的生育津贴，对已经参加生育保险的，按照用人单位上年度职工月平均工资的标准由生育保险基金支付；对未参加生育保险的，按照女职工产假前工资的标准由用人单位支付。

女职工生育或者流产的医疗费用，按照生育保险规定的项目和标准，对已经参加生育保险的，由生育保险基金支付；对未参加生育保险的，由用人单位支付。

第9条 对哺乳未满1周岁婴儿的女职工，用人单位不得延长劳动时间或者安排夜班劳动。

用人单位应当在每天的劳动时间内为哺乳期女职工安排1小时哺乳时间；女职工生育多胞胎的，每多哺乳1个婴儿每天增加1小时哺乳时间。

第10条 女职工比较多的用人单位应当根据女职工的需要，建立女职工卫生室、孕妇休息室、哺乳室等设施，妥善解决女职工在生理卫生、哺乳方面的困难。

9. **《全民所有制工业企业转换经营机制条例》**（2011年1月8日）

第45条 政府应当采取下列措施建立和完善社会保障体系：

（一）建立和完善养老保险制度，实行基本养老保险、企业补充养老保险、职工个人储蓄养老保险相结合的制度；

（二）建立和完善职工的待业保险制度，使职工在待业期间能够得到一定数量和一定期限的待业保险金，保证其基本生活；

（三）建立和完善医疗保险、工伤保险和生育保险等保险制度。

10. **《劳动保障监察条例》**（2004年11月1日）

第11条 劳动保障行政部门对下列事项实施劳动保障监察：

（一）用人单位制定内部劳动保障规章制度的情况；

（二）用人单位与劳动者订立劳动合同的情况；

（三）用人单位遵守禁止使用童工规定的情况；

（四）用人单位遵守女职工和未成年工特殊劳动保护规定的情况；

（五）用人单位遵守工作时间和休息休假规定的情况；

（六）用人单位支付劳动者工资和执行最低工资标准的情况；

（七）用人单位参加各项社会保险和缴纳社会保险费的情况；

（八）职业介绍机构、职业技能培训机构和职业技能考核鉴定机构遵守国家有关职业介绍、职业技能培训和职业技能考核鉴定的规定的情况；

（九）法律、法规规定的其他劳动保障监察事项。

第23条　用人单位有下列行为之一的，由劳动保障行政部门责令改正，按照受侵害的劳动者每人1000元以上5000元以下的标准计算，处以罚款：

（一）安排女职工从事矿山井下劳动、国家规定的第四级体力劳动强度的劳动或者其他禁忌从事的劳动的；

（二）安排女职工在经期从事高处、低温、冷水作业或者国家规定的第三级体力劳动强度的劳动的；

（三）安排女职工在怀孕期间从事国家规定的第三级体力劳动强度的劳动或者孕期禁忌从事的劳动的；

（四）安排怀孕7个月以上的女职工夜班劳动或者延长其工作时间的；

（五）女职工生育享受产假少于90天的；

（六）安排女职工在哺乳未满1周岁的婴儿期间从事国家规定的第三级体力劳动强度的劳动或者哺乳期禁忌从事的其他劳动，以及延长其工作时间或者安排其夜班劳动的；

（七）安排未成年工从事矿山井下、有毒有害、国家规定的第四级体力劳动强度的劳动或者其他禁忌从事的劳动的；

（八）未对未成年工定期进行健康检查的。

11. **《使用有毒物品作业场所劳动保护条例》**（2002年5月12日）

第7条　禁止使用童工。

用人单位不得安排未成年人和孕期、哺乳期的女职工从事使用有毒物品的作业。

12. **《国有企业富余职工安置规定》**（1993年4月20日）

第8条　经企业职工代表大会讨论同意并报企业行政主管部

门备案，企业可以对职工实行有限期的放假。职工放假期间，由企业发给生活费。

孕期或者哺乳期的女职工，经本人申请，企业可以给予不超过2年的假期，放假期间发给生活费。假期内含产假的，产假期间按照国家规定发给工资。

13. **《中国妇女发展纲要（2021-2030）》**（2021年9月8日）

二、发展领域、主要目标和策略措施

（三）妇女与经济。

主要目标：

6. 保障女性劳动者劳动安全和健康。女职工职业病发病率明显降低。

策略措施：

8. 改善女性劳动者劳动安全状况。广泛开展劳动安全和健康宣传教育，加大《女职工劳动保护特别规定》宣传执行力度，提高用人单位和女性劳动者的劳动保护和安全生产意识。将女职工劳动保护纳入职业健康和安全生产监督管理范围，加强对用人单位的劳动保障监察以及劳动安全和职业健康监督。督促用人单位加强对女职工经期、孕期、哺乳期的特殊保护，落实哺乳时间和产假制度。督促用人单位加强职业防护和职业健康监督保护，保障女职工在工作中免受有毒有害物质和危险生产工艺的危害。

第四十八条 用人单位用工中不得侵害女职工法定权益

用人单位不得因结婚、怀孕、产假、哺乳等情形，降低女职工的工资和福利待遇，限制女职工晋职、晋级、评聘专业技术职称和职务，辞退女职工，单方解除劳动（聘用）合同或者服务协议。

女职工在怀孕以及依法享受产假期间，劳动（聘用）合同或者服务协议期满的，劳动（聘用）合同或者服务协议期限自动延续至产假结束。但是，用人单位依法解除、终止劳动（聘用）合同、服务协议，或者女职工依法要求解除、终止劳动（聘用）合同、服务协议的除外。

用人单位在执行国家退休制度时，不得以性别为由歧视妇女。

法　律

1.《劳动法》（2018 年 12 月 29 日）

第 29 条　劳动者有下列情形之一的，用人单位不得依据本法第二十六条、第二十七条的规定解除劳动合同：

（一）患职业病或者因工负伤并被确认丧失或者部分丧失劳动能力的；

（二）患病或者负伤，在规定的医疗期内的；

（三）女职工在孕期、产期、哺乳期内的；

（四）法律、行政法规规定的其他情形。

第 58 条　国家对女职工和未成年工实行特殊劳动保护。

未成年工是指年满十六周岁未满十八周岁的劳动者。

2.《公务员法》（2018 年 12 月 29 日）

第 89 条　对有下列情形之一的公务员，不得辞退：

（一）因公致残，被确认丧失或者部分丧失工作能力的；

（二）患病或者负伤，在规定的医疗期内的；

（三）女性公务员在孕期、产假、哺乳期内的；

（四）法律、行政法规规定的其他不得辞退的情形。

3.《劳动合同法》（2012 年 12 月 28 日）

第 42 条　劳动者有下列情形之一的，用人单位不得依照本法第四十条、第四十一条的规定解除劳动合同：

（一）从事接触职业病危害作业的劳动者未进行离岗前职业健康检查，或者疑似职业病病人在诊断或者医学观察期间的；

（二）在本单位患职业病或者因工负伤并被确认丧失或者部分丧失劳动能力的；

（三）患病或者非因工负伤，在规定的医疗期内的；

（四）女职工在孕期、产期、哺乳期的；

（五）在本单位连续工作满十五年，且距法定退休年龄不足五年的；

（六）法律、行政法规规定的其他情形。

● 行政法规及文件

4.《女职工劳动保护特别规定》（2012 年 4 月 28 日）

第 5 条　用人单位不得因女职工怀孕、生育、哺乳降低其工资、予以辞退、与其解除劳动或者聘用合同。

5.《中国妇女发展纲要（2021-2030）》（2021 年 9 月 8 日）

二、发展领域、主要目标和策略措施

（三）妇女与经济。

策略措施：

10. 为女性生育后的职业发展创造有利条件。禁止用人单位因女职工怀孕、生育、哺乳而降低工资、恶意调岗、予以辞退、解除劳动（聘用）合同，推动落实生育奖励假期间的工资待遇，定期开展女职工生育权益保障专项督查。为女性生育后回归岗位或再就业提供培训等支持。高校、研究机构等用人单位探索设立女性科研人员生育后科研回归基金。推动用人单位根据女职工需要建立女职工哺乳室、孕妇休息室等设施。支持有条件的用人单位为职工提供福利性托育托管服务。

第四十九条　性别歧视行为纳入劳动保障监察

人力资源和社会保障部门应当将招聘、录取、晋职、晋级、评聘专业技术职称和职务、培训、辞退等过程中的性别歧视行为纳入劳动保障监察范围。

● 行政法规及文件

1. **《劳动合同法实施条例》**（2008 年 9 月 18 日）

第 36 条　对违反劳动合同法和本条例的行为的投诉、举报，县级以上地方人民政府劳动行政部门依照《劳动保障监察条例》的规定处理。

2. **《劳动保障监察条例》**（2004 年 11 月 1 日）

第 3 条　国务院劳动保障行政部门主管全国的劳动保障监察工作。县级以上地方各级人民政府劳动保障行政部门主管本行政区域内的劳动保障监察工作。

县级以上各级人民政府有关部门根据各自职责，支持、协助劳动保障行政部门的劳动保障监察工作。

第 4 条　县级、设区的市级人民政府劳动保障行政部门可以委托符合监察执法条件的组织实施劳动保障监察。

劳动保障行政部门和受委托实施劳动保障监察的组织中的劳动保障监察员应当经过相应的考核或者考试录用。

劳动保障监察证件由国务院劳动保障行政部门监制。

第 5 条　县级以上地方各级人民政府应当加强劳动保障监察工作。劳动保障监察所需经费列入本级财政预算。

第 6 条　用人单位应当遵守劳动保障法律、法规和规章，接受并配合劳动保障监察。

第 7 条　各级工会依法维护劳动者的合法权益，对用人单位遵守劳动保障法律、法规和规章的情况进行监督。

劳动保障行政部门在劳动保障监察工作中应当注意听取工会

组织的意见和建议。

第 8 条　劳动保障监察遵循公正、公开、高效、便民的原则。

实施劳动保障监察，坚持教育与处罚相结合，接受社会监督。

第 9 条　任何组织或者个人对违反劳动保障法律、法规或者规章的行为，有权向劳动保障行政部门举报。

劳动者认为用人单位侵犯其劳动保障合法权益的，有权向劳动保障行政部门投诉。

劳动保障行政部门应当为举报人保密；对举报属实，为查处重大违反劳动保障法律、法规或者规章的行为提供主要线索和证据的举报人，给予奖励。

第 23 条　用人单位有下列行为之一的，由劳动保障行政部门责令改正，按照受侵害的劳动者每人 1000 元以上 5000 元以下的标准计算，处以罚款：

（一）安排女职工从事矿山井下劳动、国家规定的第四级体力劳动强度的劳动或者其他禁忌从事的劳动的；

（二）安排女职工在经期从事高处、低温、冷水作业或者国家规定的第三级体力劳动强度的劳动的；

（三）安排女职工在怀孕期间从事国家规定的第三级体力劳动强度的劳动或者孕期禁忌从事的劳动的；

（四）安排怀孕 7 个月以上的女职工夜班劳动或者延长其工作时间的；

（五）女职工生育享受产假少于 90 天的；

（六）安排女职工在哺乳未满 1 周岁的婴儿期间从事国家规定的第三级体力劳动强度的劳动或者哺乳期禁忌从事的其他劳动，以及延长其工作时间或者安排其夜班劳动的；

（七）安排未成年工从事矿山井下、有毒有害、国家规定的第四级体力劳动强度的劳动或者其他禁忌从事的劳动的；

（八）未对未成年工定期进行健康检查的。

第五十条 妇女权益社会保障

国家发展社会保障事业，保障妇女享有社会保险、社会救助和社会福利等权益。

国家提倡和鼓励为帮助妇女而开展的社会公益活动。

法 律

1.《基本医疗卫生与健康促进法》（2019 年 12 月 28 日）

第 24 条 国家发展妇幼保健事业，建立健全妇幼健康服务体系，为妇女、儿童提供保健及常见病防治服务，保障妇女、儿童健康。

国家采取措施，为公民提供婚前保健、孕产期保健等服务，促进生殖健康，预防出生缺陷。

第 76 条 国家制定并实施未成年人、妇女、老年人、残疾人等的健康工作计划，加强重点人群健康服务。

国家推动长期护理保障工作，鼓励发展长期护理保险。

行政法规及文件

2.《中国妇女发展纲要（2021–2030）》（2021 年 9 月 8 日）

二、发展领域、主要目标和策略措施

（五）妇女与社会保障。

主要目标：

1. 妇女平等享有社会保障权益，保障水平不断提高。

2. 完善生育保障制度。提高生育保险参保率。

3. 完善医疗保障体系。妇女基本医疗保险参保率稳定在 95% 以上，待遇保障公平适度。

4. 完善养老保险制度体系。妇女基本养老保险参保率提高到 95%，待遇水平稳步提高。

5. 完善失业保险和工伤保险制度。提高妇女失业保险和工伤保险参保人数，落实相关待遇保障。

策略措施：

1. 完善惠及妇女群体的社会保障体系。在制定修订社会救助、社会保险等相关法律法规以及健全覆盖全民的社会保障体系工作中，关切和保障妇女的特殊利益和需求。持续推动社会保险参保扩面，支持灵活就业女性参加相应社会保险，实现应保尽保，缩小社会保障的性别差距。建立国家级社会保险全民参保登记信息库，加强社会保障分性别统计、信息动态监测和管理。

2. 完善覆盖城乡妇女的生育保障制度。巩固提高生育保险覆盖率，完善生育保险生育医疗费用支付及生育津贴政策。妥善解决妇女在就业和领取失业金期间生育保障问题。提高生育保险与职工基本医疗保险合并实施成效。加强城乡居民生育医疗费用保障。

3. 不断提高妇女医疗保障水平。推动女职工和城乡女性居民持续参加基本医疗保险，满足妇女基本医疗保障需求。统筹发挥基本医保、大病保险、医疗救助三重制度综合保障作用，促进多层次医疗保障互补衔接，做好符合条件的低收入妇女医疗救助。推进建立女职工医疗互助，充分发挥商业保险对宫颈癌、乳腺癌等重大疾病的保障作用。

4. 促进妇女享有可持续多层次养老保险。建立完善基本养老保险全国统筹制度。督促用人单位依法为包括女职工在内的全体职工及时足额缴纳基本养老保险费，不断增加妇女参加基本养老保险的人数，促进妇女依法公平享有基本养老保险权益。鼓励有条件的用人单位为包括女职工在内的全体职工建立企业年金，丰富商业养老保险产品，提高妇女养老保险水平。

5. 保障女性失业保险权益。督促用人单位依法为女职工办理失业保险，提高女职工特别是女农民工的参保率。保障符合条件的失业女职工按时享受失业保险待遇。强化失业保险促就业防失业功能，支持女职工稳定就业。适时制定特殊时期失业保障政策，为包括女职工在内的劳动者提供失业保障。

6. 扩大妇女工伤保险覆盖面。增强工伤保险预防工伤、保障生活、促进康复的功能，推进新就业形态人员职业伤害保障试点，将新业态就业妇女纳入保障范围。督促用人单位特别是高风险行业单位依法为女职工办理工伤保险，确保落实工伤保险待遇。

第五十一条 生育保险制度和职工生育休假制度

国家实行生育保险制度，建立健全婴幼儿托育服务等与生育相关的其他保障制度。

国家建立健全职工生育休假制度，保障孕产期女职工依法享有休息休假权益。

地方各级人民政府和有关部门应当按照国家有关规定，为符合条件的困难妇女提供必要的生育救助。

● 法 律

1. **《基本医疗卫生与健康促进法》**（2019 年 12 月 28 日）

第 24 条 国家发展妇幼保健事业，建立健全妇幼健康服务体系，为妇女、儿童提供保健及常见病防治服务，保障妇女、儿童健康。

国家采取措施，为公民提供婚前保健、孕产期保健等服务，促进生殖健康，预防出生缺陷。

第 76 条 国家制定并实施未成年人、妇女、老年人、残疾人等的健康工作计划，加强重点人群健康服务。

国家推动长期护理保障工作，鼓励发展长期护理保险。

● 行政法规及文件

2.《中国妇女发展纲要（2021-2030）》（2021 年 9 月 8 日）

二、发展领域、主要目标和策略措施

（五）妇女与社会保障。

主要目标：

2. 完善生育保障制度。提高生育保险参保率。

6. 健全分层分类社会救助体系。困难妇女的生活得到基本保障。

策略措施：

2. 完善覆盖城乡妇女的生育保障制度。巩固提高生育保险覆盖率，完善生育保险生育医疗费用支付及生育津贴政策。妥善解决妇女在就业和领取失业金期间生育保障问题。提高生育保险与职工基本医疗保险合并实施成效。加强城乡居民生育医疗费用保障。

第五十二条 加强困难妇女的权益保障

各级人民政府和有关部门应当采取必要措施，加强贫困妇女、老龄妇女、残疾妇女等困难妇女的权益保障，按照有关规定为其提供生活帮扶、就业创业支持等关爱服务。

● 行政法规及文件

《中国妇女发展纲要（2021-2030）》（2021 年 9 月 8 日）

二、发展领域、主要目标和策略措施

（五）妇女与社会保障。

主要目标：

7. 妇女福利待遇水平持续提高，重点向老年妇女、残疾妇女等群体倾斜。

8. 建立完善多层次养老服务和长期照护保障制度。保障老年妇女享有均等可及的基本养老服务，对失能妇女的照护服务水平不断提高。

9. 加强对妇女的关爱服务，重点为有困难、有需求的妇女提供帮扶。

策略措施：

7. 强化社会救助对生活困难妇女的兜底保障。推进法律实施，强化政策衔接，健全基本生活救助制度和医疗救助、教育救助、住房救助、就业救助、受灾人员救助等专项救助制度，健全临时救助政策措施，强化急难社会救助功能，积极发展服务类社会救助，推进政府购买社会救助服务，确保符合条件的妇女应救尽救。鼓励、支持慈善组织依法依规为生活困难妇女提供救助帮扶。推动建立统一的救助信息平台，加强社会救助分性别统计，精准识别救助对象。

8. 更好满足妇女群体的社会福利需求。完善经济困难高龄失能老年人补贴制度，落实各项补贴待遇，逐步提升老年妇女福利水平。完善残疾人补贴制度，动态调整、合理确定困难残疾人生活补贴和重度残疾人护理补贴标准，扩大适合残疾妇女特殊需求的公共服务供给。

9. 保障妇女享有基本养老服务。加快建设居家社区机构相协调、医养康养相结合的养老服务体系，大力发展普惠型养老服务。完善社区居家养老服务网络，推进公共设施适老化改造，推动专业机构服务向社区和家庭延伸。提升公办养老机构服务能力和水平，完善公建民营管理机制，结合服务能力适当拓展服务对象，重点为经济困难的失能失智、计划生育特殊家庭老年人提供托养服务。促进养老机构提供多元化、便利化、个性化服务，提高老年妇女生活照料、紧急救援、精神慰藉等服务水平。支持社会力量扩大普惠型养老服务供给，支持邻里之间的互助性养老。加大养老护理型人才培养力度，建设高素质、专业化的养老服务队伍。

10. 探索建立多层次长期照护保障制度。稳步建立长期护理保险制度，将符合条件的失能妇女按规定纳入保障范围，妥善解决其护理保障问题。加强长期护理保险制度与长期照护服务体系有机衔接。探索建立相关保险、福利、救助相衔接的长期照护保障制度，扩大养老机构护理型床位供给，提高护理服务质量。为家庭照料者提供照护培训、心理疏导等支持。

11. 提高对妇女的关爱服务水平。开展农村留守妇女关爱行动。对农村留守妇女进行摸底排查，建立完善以县级为单位的信息台账。积极为农村留守妇女创业发展搭建平台、提供服务。支持农村留守妇女参与乡村振兴和家庭文明建设，在乡村治理、邻里互助、留守老人儿童关爱服务中发挥积极作用。完善特殊困难失能留守老年人探访关爱制度，不断拓展对妇女群体的关爱服务，支持社会力量参与，重点为生活困难、残疾、重病等妇女群体提供权益保护、生活帮扶、精神抚慰等关爱服务。

第六章 财产权益

第五十三条 保障妇女平等的财产权利

国家保障妇女享有与男子平等的财产权利。

宪 法

1.《宪法》（2018年3月11日）

第48条 中华人民共和国妇女在政治的、经济的、文化的、社会的和家庭的生活等各方面享有同男子平等的权利。

国家保护妇女的权利和利益，实行男女同工同酬，培养和选拔妇女干部。

● 法　律

2.《民法典》（2020 年 5 月 28 日）

第 1062 条　夫妻在婚姻关系存续期间所得的下列财产，为夫妻的共同财产，归夫妻共同所有：

（一）工资、奖金、劳务报酬；

（二）生产、经营、投资的收益；

（三）知识产权的收益；

（四）继承或者受赠的财产，但是本法第一千零六十三条第三项规定的除外；

（五）其他应当归共同所有的财产。

夫妻对共同财产，有平等的处理权。

第五十四条　不得侵害妇女共同、共有财产权益

在夫妻共同财产、家庭共有财产关系中，不得侵害妇女依法享有的权益。

● 法　律

1.《民法典》（2020 年 5 月 28 日）

第 1065 条　男女双方可以约定婚姻关系存续期间所得的财产以及婚前财产归各自所有、共同所有或者部分各自所有、部分共同所有。约定应当采用书面形式。没有约定或者约定不明确的，适用本法第一千零六十二条、第一千零六十三条的规定。

夫妻对婚姻关系存续期间所得的财产以及婚前财产的约定，对双方具有法律约束力。

夫妻对婚姻关系存续期间所得的财产约定归各自所有，夫或者妻一方对外所负的债务，相对人知道该约定的，以夫或者妻一方的个人财产清偿。

第 1066 条　婚姻关系存续期间，有下列情形之一的，夫妻

一方可以向人民法院请求分割共同财产：

（一）一方有隐藏、转移、变卖、毁损、挥霍夫妻共同财产或者伪造夫妻共同债务等严重损害夫妻共同财产利益的行为；

（二）一方负有法定扶养义务的人患重大疾病需要医治，另一方不同意支付相关医疗费用。

第1087条 离婚时，夫妻的共同财产由双方协议处理；协议不成的，由人民法院根据财产的具体情况，按照照顾子女、女方和无过错方权益的原则判决。

对夫或者妻在家庭土地承包经营中享有的权益等，应当依法予以保护。

第1092条 夫妻一方隐藏、转移、变卖、毁损、挥霍夫妻共同财产，或者伪造夫妻共同债务企图侵占另一方财产的，在离婚分割夫妻共同财产时，对该方可以少分或者不分。离婚后，另一方发现有上述行为的，可以向人民法院提起诉讼，请求再次分割夫妻共同财产。

行政法规及文件

2. **《中国妇女发展纲要（2021-2030）》**（2021年9月8日）

二、发展领域、主要目标和策略措施

（八）妇女与法律。

主要目标：

8. 保障妇女在家庭关系中的财产所有权、继承权，保障妇女对婚姻家庭关系中共同财产享有知情权和平等处理权。

策略措施：

10. 在婚姻家庭和继承案件处理中依法保障妇女的财产权益。保障妇女平等享有家庭财产的占有、使用、收益和处分权利。保障妇女依法享有夫妻互相继承遗产、子女平等继承遗产的权利。保障夫妻对共同财产享有平等的知情权、处理权，认定和分割夫妻共同财产、认定和清偿夫妻共同债务时，切实保障妇女合法权益。离婚时，保障妇女依法获得土地、房屋、股份等权益，保障负担较多家庭义务的妇女获得补偿、生活困难妇女获得经济帮助、无过错妇女依法获得损害赔偿。

● 司法解释及文件

3.《**最高人民法院关于适用〈中华人民共和国民法典〉婚姻家庭编的解释（一）**》（2020 年 12 月 29 日）

第 26 条 夫妻一方个人财产在婚后产生的收益，除孳息和自然增值外，应认定为夫妻共同财产。

第 27 条 由一方婚前承租、婚后用共同财产购买的房屋，登记在一方名下的，应当认定为夫妻共同财产。

第五十五条 妇女平等享有农村集体经济中的各项权益

妇女在农村集体经济组织成员身份确认、土地承包经营、集体经济组织收益分配、土地征收补偿安置或者征用补偿以及宅基地使用等方面，享有与男子平等的权利。

申请农村土地承包经营权、宅基地使用权等不动产登记，应当在不动产登记簿和权属证书上将享有权利的妇女等家庭成员全部列明。征收补偿安置或者征用补偿协议应当将享有相关权益的妇女列入，并记载权益内容。

● 法　律

1.《**民法典**》（2020 年 5 月 28 日）

第 1087 条 离婚时，夫妻的共同财产由双方协议处理；协议不成的，由人民法院根据财产的具体情况，按照照顾子女、女方和无过错方权益的原则判决。

对夫或者妻在家庭土地承包经营中享有的权益等，应当依法予以保护。

2.《农村土地承包法》（2018 年 12 月 29 日）

第 6 条　农村土地承包，妇女与男子享有平等的权利。承包中应当保护妇女的合法权益，任何组织和个人不得剥夺、侵害妇女应当享有的土地承包经营权。

第五十六条　不得侵害妇女在农村集体经济中的各项权益

村民自治章程、村规民约，村民会议、村民代表会议的决定以及其他涉及村民利益事项的决定，不得以妇女未婚、结婚、离婚、丧偶、户无男性等为由，侵害妇女在农村集体经济组织中的各项权益。

因结婚男方到女方住所落户的，男方和子女享有与所在地农村集体经济组织成员平等的权益。

法　律

《农村土地承包法》（2018 年 12 月 29 日）

第 6 条　农村土地承包，妇女与男子享有平等的权利。承包中应当保护妇女的合法权益，任何组织和个人不得剥夺、侵害妇女应当享有的土地承包经营权。

第 31 条　承包期内，妇女结婚，在新居住地未取得承包地的，发包方不得收回其原承包地；妇女离婚或者丧偶，仍在原居住地生活或者不在原居住地生活但在新居住地未取得承包地的，发包方不得收回其原承包地。

第 57 条　发包方有下列行为之一的，应当承担停止侵害、排除妨碍、消除危险、返还财产、恢复原状、赔偿损失等民事责任：

……

（七）剥夺、侵害妇女依法享有的土地承包经营权；

（八）其他侵害土地承包经营权的行为。

第五十七条　保护妇女在城镇集体所有财产关系中的权益

国家保护妇女在城镇集体所有财产关系中的权益。妇女依照法律、法规的规定享有相关权益。

● 法　律

《农村土地承包法》（2018年12月29日）

第31条　承包期内，妇女结婚，在新居住地未取得承包地的，发包方不得收回其原承包地；妇女离婚或者丧偶，仍在原居住地生活或者不在原居住地生活但在新居住地未取得承包地的，发包方不得收回其原承包地。

第五十八条　平等的继承权

妇女享有与男子平等的继承权。妇女依法行使继承权，不受歧视。

丧偶妇女有权依法处分继承的财产，任何组织和个人不得干涉。

● 法　律

《民法典》（2020年5月28日）

第1126条　继承权男女平等。

第1157条　夫妻一方死亡后另一方再婚的，有权处分所继承的财产，任何组织或者个人不得干涉。

第五十九条　对公婆尽了赡养义务丧偶儿媳的继承权

丧偶儿媳对公婆尽了主要赡养义务的，作为第一顺序继承人，其继承权不受子女代位继承的影响。

法　律

1.《民法典》(2020年5月28日)

第1129条　丧偶儿媳对公婆，丧偶女婿对岳父母，尽了主要赡养义务的，作为第一顺序继承人。

司法解释及文件

2.《最高人民法院关于适用〈中华人民共和国民法典〉继承编的解释(一)》(2020年12月29日)

第18条　丧偶儿媳对公婆、丧偶女婿对岳父母，无论其是否再婚，依照民法典第一千一百二十九条规定作为第一顺序继承人时，不影响其子女代位继承。

第七章　婚姻家庭权益

第六十条　保障妇女平等的婚姻家庭权利

国家保障妇女享有与男子平等的婚姻家庭权利。

宪　法

1.《宪法》(2018年3月11日)

第48条　中华人民共和国妇女在政治的、经济的、文化的、社会的和家庭的生活等各方面享有同男子平等的权利。

国家保护妇女的权利和利益，实行男女同工同酬，培养和选拔妇女干部。

法　律

2.《民法典》(2020年5月28日)

第1041条　婚姻家庭受国家保护。

实行婚姻自由、一夫一妻、男女平等的婚姻制度。

保护妇女、未成年人、老年人、残疾人的合法权益。

第1055条　夫妻在婚姻家庭中地位平等。

第1057条　夫妻双方都有参加生产、工作、学习和社会活动的自由，一方不得对另一方加以限制或者干涉。

第1058条　夫妻双方平等享有对未成年子女抚养、教育和保护的权利，共同承担对未成年子女抚养、教育和保护的义务。

3.**《地方各级人民代表大会和地方各级人民政府组织法》**（2022年3月11日）

第11条　县级以上的地方各级人民代表大会行使下列职权：

……

（十五）保障宪法和法律赋予妇女的男女平等、同工同酬和婚姻自由等各项权利。

第12条　乡、民族乡、镇的人民代表大会行使下列职权：

……

（十四）保障宪法和法律赋予妇女的男女平等、同工同酬和婚姻自由等各项权利。

……

第73条　县级以上的地方各级人民政府行使下列职权：

……

（十）保障宪法和法律赋予妇女的男女平等、同工同酬和婚姻自由等各项权利；

……

第76条　乡、民族乡、镇的人民政府行使下列职权：

……

（六）保障宪法和法律赋予妇女的男女平等、同工同酬和婚姻自由等各项权利；

……

行政法规及文件

4.《中国妇女发展纲要（2021-2030）》（2021 年 9 月 8 日）

二、发展领域、主要目标和策略措施

（六）妇女与家庭建设。

主要目标：

2. 建立完善促进男女平等和妇女全面发展的家庭政策体系，增强家庭功能，提升家庭发展能力。

6. 倡导构建男女平等、和睦、文明的婚姻家庭关系，降低婚姻家庭纠纷对妇女发展的不利影响。

7. 倡导和支持男女共担家务，缩小两性家务劳动时间差距。

策略措施：

2. 制定出台促进男女平等和妇女全面发展的家庭政策。完善人口生育相关法律法规政策，推动生育政策与经济社会政策配套衔接。研究推动将 3 岁以下婴幼儿照护服务费用纳入个人所得税专项附加扣除、住房等方面支持政策，减轻家庭生育、养育、教育负担。完善幼儿养育、青少年发展、老人赡养、病残照料等政策，形成支持完善家庭基本功能、促进男女平等和妇女全面发展的家庭政策体系，增强家庭发展能力。完善产假制度，探索实施父母育儿假。建立促进家庭发展的政策评估机制。

6. 促进婚姻家庭关系健康发展。面向家庭开展有关法律法规政策宣传，促进男女平等观念在婚姻家庭关系建设中落实落地，倡导夫妻平等参与家庭事务决策，反对一切形式的家庭暴力。开展恋爱、婚姻家庭观念教育，为适龄男女青年婚恋交友、组建家庭搭建平台，推广婚姻登记、婚育健康宣传教育、婚姻家庭关系辅导等“一站式”服务。广泛开展生育政策宣传。推进移风易俗，保障各民族妇女的婚姻自由，抵制早婚早育、高价彩礼等现象，选树宣传婚事新办典型，引导改变生男偏好，构建新型婚育文化。加强对广播电视、网络等婚恋活动和服务的规范管理。

第六十一条 保护妇女的婚姻自主权

国家保护妇女的婚姻自主权。禁止干涉妇女的结婚、离婚自由。

● 宪 法

1. **《宪法》**（2018 年 3 月 11 日）

第 49 条 婚姻、家庭、母亲和儿童受国家的保护。

夫妻双方有实行计划生育的义务。

父母有抚养教育未成年子女的义务，成年子女有赡养扶助父母的义务。

禁止破坏婚姻自由，禁止虐待老人、妇女和儿童。

● 法 律

2. **《民法典》**（2020 年 5 月 28 日）

第 110 条 自然人享有生命权、身体权、健康权、姓名权、肖像权、名誉权、荣誉权、隐私权、婚姻自主权等权利。

法人、非法人组织享有名称权、名誉权和荣誉权。

第 1042 条 禁止包办、买卖婚姻和其他干涉婚姻自由的行为。禁止借婚姻索取财物。

禁止重婚。禁止有配偶者与他人同居。

禁止家庭暴力。禁止家庭成员间的虐待和遗弃。

第 1046 条 结婚应当男女双方完全自愿，禁止任何一方对另一方加以强迫，禁止任何组织或者个人加以干涉。

第 1049 条 要求结婚的男女双方应当亲自到婚姻登记机关申请结婚登记。符合本法规定的，予以登记，发给结婚证。完成结婚登记，即确立婚姻关系。未办理结婚登记的，应当补办登记。

第 1050 条 登记结婚后，按照男女双方约定，女方可以成为男方家庭的成员，男方可以成为女方家庭的成员。

第1083条　离婚后，男女双方自愿恢复婚姻关系的，应当到婚姻登记机关重新进行结婚登记。

第六十二条　鼓励婚前检查

国家鼓励男女双方在结婚登记前，共同进行医学检查或者相关健康体检。

法　律

1.《母婴保健法》（2017年11月4日）

第7条　医疗保健机构应当为公民提供婚前保健服务。

婚前保健服务包括下列内容：

（一）婚前卫生指导：关于性卫生知识、生育知识和遗传病知识的教育；

（二）婚前卫生咨询：对有关婚配、生育保健等问题提供医学意见；

（三）婚前医学检查：对准备结婚的男女双方可能患影响结婚和生育的疾病进行医学检查。

第8条　婚前医学检查包括对下列疾病的检查：

（一）严重遗传性疾病；

（二）指定传染病；

（三）有关精神病。

经婚前医学检查，医疗保健机构应当出具婚前医学检查证明。

第9条　经婚前医学检查，对患指定传染病在传染期内或者有关精神病在发病期内的，医师应当提出医学意见；准备结婚的男女双方应当暂缓结婚。

第10条　经婚前医学检查，对诊断患医学上认为不宜生育的严重遗传性疾病的，医师应当向男女双方说明情况，提出医学意见；经男女双方同意，采取长效避孕措施或者施行结扎手术后不生育的，可以结婚。但《中华人民共和国婚姻法》规定禁止结婚的除外。

第 11 条　接受婚前医学检查的人员对检查结果持有异议的，可以申请医学技术鉴定，取得医学鉴定证明。

第 12 条　男女双方在结婚登记时，应当持有婚前医学检查证明或者医学鉴定证明。

第 25 条　县级以上地方人民政府可以设立医学技术鉴定组织，负责对婚前医学检查、遗传病诊断和产前诊断结果有异议的进行医学技术鉴定。

● 行政法规及文件

2.《母婴保健法实施办法》（2022 年 3 月 29 日）

第 10 条　在实行婚前医学检查的地区，准备结婚的男女双方在办理结婚登记前，应当到医疗、保健机构进行婚前医学检查。

第六十三条　婚姻家庭辅导服务

婚姻登记机关应当提供婚姻家庭辅导服务，引导当事人建立平等、和睦、文明的婚姻家庭关系。

● 行政法规及文件

1.《中国妇女发展纲要（2021-2030）》（2021 年 9 月 8 日）

二、发展领域、主要目标和策略措施

（六）妇女与家庭建设。

策略措施：

3. 大力发展家庭公共服务。发展普惠托育服务体系，综合运用土地、住房、财政、金融、人才等支持政策，扩大托育服务供给。加快完善养老、家政等服务标准，推动婚姻家庭辅导服务、家庭教育指导服务普惠享有，提升面向家庭的公共服务水平。通过政府购买服务等方式，引导社会力量开展家庭服务，满足家庭日益增长的个性化、多元化需求。重点为经济困难、住房困难、临时遭遇困难家庭和残疾人家庭等提供支持，加大对计划生育特殊家庭的帮扶保障力度，加强对退役军人家庭的支持和保障。城市社区综合服务设施实现全覆盖。加强社区托育服务设施建设，完善社区养老托育、家政物业等服务网络。发展数字家庭。

部门规章及文件

2.《民政部关于印发〈婚姻登记工作规范〉的通知》（2015 年 12 月 8 日）

第 21 条 婚姻登记处可以设立婚姻家庭辅导室，通过政府购买服务或公开招募志愿者等方式聘用婚姻家庭辅导员，并在坚持群众自愿的前提下，开展婚姻家庭辅导服务。婚姻家庭辅导员应当具备以下资格之一：

（一）社会工作师；

（二）心理咨询师；

（三）律师；

（四）其他相应专业资格。

第六十四条 男方不得提出离婚的情形

女方在怀孕期间、分娩后一年内或者终止妊娠后六个月内，男方不得提出离婚；但是，女方提出离婚或者人民法院认为确有必要受理男方离婚请求的除外。

法　律

《民法典》（2020 年 5 月 28 日）

第 1082 条 女方女方在怀孕期间、分娩后一年内或者终止妊娠后六个月内，男方不得提出离婚；但是，女方提出离婚或者人民法院认为确有必要受理男方离婚请求的除外。

第六十五条　禁止对妇女实施家庭暴力

禁止对妇女实施家庭暴力。

县级以上人民政府有关部门、司法机关、社会团体、企业事业单位、基层群众性自治组织以及其他组织，应当在各自的职责范围内预防和制止家庭暴力，依法为受害妇女提供救助。

● 法　律

1.《民法典》（2020 年 5 月 28 日）

第 1091 条　有下列情形之一，导致离婚的，无过错方有权请求损害赔偿：

（一）重婚；

（二）与他人同居；

（三）实施家庭暴力；

（四）虐待、遗弃家庭成员；

（五）有其他重大过错。

2.《反家庭暴力法》（2015 年 12 月 27 日）

第 2 条　本法所称家庭暴力，是指家庭成员之间以殴打、捆绑、残害、限制人身自由以及经常性谩骂、恐吓等方式实施的身体、精神等侵害行为。

第 3 条　家庭成员之间应当互相帮助，互相关爱，和睦相处，履行家庭义务。

反家庭暴力是国家、社会和每个家庭的共同责任。

国家禁止任何形式的家庭暴力。

第 4 条　县级以上人民政府负责妇女儿童工作的机构，负责组织、协调、指导、督促有关部门做好反家庭暴力工作。

县级以上人民政府有关部门、司法机关、人民团体、社会组织、居民委员会、村民委员会、企业事业单位，应当依照本法和有关法律规定，做好反家庭暴力工作。

各级人民政府应当对反家庭暴力工作给予必要的经费保障。

第5条 反家庭暴力工作遵循预防为主，教育、矫治与惩处相结合原则。

反家庭暴力工作应当尊重受害人真实意愿，保护当事人隐私。

未成年人、老年人、残疾人、孕期和哺乳期的妇女、重病患者遭受家庭暴力的，应当给予特殊保护。

第6条 国家开展家庭美德宣传教育，普及反家庭暴力知识，增强公民反家庭暴力意识。

工会、共产主义青年团、妇女联合会、残疾人联合会应当在各自工作范围内，组织开展家庭美德和反家庭暴力宣传教育。

广播、电视、报刊、网络等应当开展家庭美德和反家庭暴力宣传。

学校、幼儿园应当开展家庭美德和反家庭暴力教育。

第7条 县级以上人民政府有关部门、司法机关、妇女联合会应当将预防和制止家庭暴力纳入业务培训和统计工作。

医疗机构应当做好家庭暴力受害人的诊疗记录。

第8条 乡镇人民政府、街道办事处应当组织开展家庭暴力预防工作，居民委员会、村民委员会、社会工作服务机构应当予以配合协助。

第9条 各级人民政府应当支持社会工作服务机构等社会组织开展心理健康咨询、家庭关系指导、家庭暴力预防知识教育等服务。

第10条 人民调解组织应当依法调解家庭纠纷，预防和减少家庭暴力的发生。

第11条 用人单位发现本单位人员有家庭暴力情况的，应当给予批评教育，并做好家庭矛盾的调解、化解工作。

第13条 家庭暴力受害人及其法定代理人、近亲属可以向加害人或者受害人所在单位、居民委员会、村民委员会、妇女联合会等单位投诉、反映或者求助。有关单位接到家庭暴力投诉、反映或者求助后，应当给予帮助、处理。

家庭暴力受害人及其法定代理人、近亲属也可以向公安机关报案或者依法向人民法院起诉。

单位、个人发现正在发生的家庭暴力行为，有权及时劝阻。

第 14 条　学校、幼儿园、医疗机构、居民委员会、村民委员会、社会工作服务机构、救助管理机构、福利机构及其工作人员在工作中发现无民事行为能力人、限制民事行为能力人遭受或者疑似遭受家庭暴力的，应当及时向公安机关报案。公安机关应当对报案人的信息予以保密。

第 15 条　公安机关接到家庭暴力报案后应当及时出警，制止家庭暴力，按照有关规定调查取证，协助受害人就医、鉴定伤情。

无民事行为能力人、限制民事行为能力人因家庭暴力身体受到严重伤害、面临人身安全威胁或者处于无人照料等危险状态的，公安机关应当通知并协助民政部门将其安置到临时庇护场所、救助管理机构或者福利机构。

第 16 条　家庭暴力情节较轻，依法不给予治安管理处罚的，由公安机关对加害人给予批评教育或者出具告诫书。

告诫书应当包括加害人的身份信息、家庭暴力的事实陈述、禁止加害人实施家庭暴力等内容。

第 17 条　公安机关应当将告诫书送交加害人、受害人，并通知居民委员会、村民委员会。

居民委员会、村民委员会、公安派出所应当对收到告诫书的加害人、受害人进行查访，监督加害人不再实施家庭暴力。

第 18 条　县级或者设区的市级人民政府可以单独或者依托救助管理机构设立临时庇护场所，为家庭暴力受害人提供临时生活帮助。

第 19 条　法律援助机构应当依法为家庭暴力受害人提供法律援助。

人民法院应当依法对家庭暴力受害人缓收、减收或者免收诉讼费用。

第 20 条　人民法院审理涉及家庭暴力的案件，可以根据公安机关出警记录、告诫书、伤情鉴定意见等证据，认定家庭暴力事实。

第 21 条　监护人实施家庭暴力严重侵害被监护人合法权益的，人民法院可以根据被监护人的近亲属、居民委员会、村民委员会、县级人民政府民政部门等有关人员或者单位的申请，依法撤销其监护人资格，另行指定监护人。

被撤销监护人资格的加害人，应当继续负担相应的赡养、扶养、抚养费用。

第 22 条　工会、共产主义青年团、妇女联合会、残疾人联合会、居民委员会、村民委员会等应当对实施家庭暴力的加害人进行法治教育，必要时可以对加害人、受害人进行心理辅导。

● 行政法规及文件

3.《中国妇女发展纲要（2021-2030）》（2021 年 9 月 8 日）

二、发展领域、主要目标和策略措施

（八）妇女与法律。

主要目标：

4. 深入实施反家庭暴力法，预防和制止针对妇女一切形式的家庭暴力。

策略措施：

4. 加大反家庭暴力法的实施力度。健全完善预防和制止家庭暴力多部门合作机制，适时出台落实反家庭暴力法的司法解释、指导意见或实施细则，发布反家庭暴力的典型案例或指导性案例。推动省（自治区、直辖市）、市（地、州、盟）出台反家庭暴力地方性法规。加强宣传教育、预防排查，建立社区网格化家庭暴力重点监控机制。完善落实家庭暴力发现、报告、处置机制，强化相关主体强制报告意识，履行强制报告义务。加大接处警工作力度，开展家庭暴力警情、出具告诫书情况统计。对构成犯罪的施暴人依法追究刑事责任，从严处理重大恶性案件。及时签发人身保护令，提高审核签发率，加大执行力度。加强紧急庇护场所管理，提升庇护服务水平。加强对家庭暴力受害妇女的心理抚慰和生活救助，帮助其身心康复。加强对施暴者的教育警示、心理辅导和行为矫治。开展家庭暴力案件跟踪回访。加强反家庭暴力业务培训和统计。

案例指引

1. 女童罗某某诉罗某抚养权纠纷案①

请人罗某某在与被申请人余某金、罗某衡共同生活期间多次无故遭受殴打，且有法医学人体损伤程度鉴定书为证。申请人罗某某的申请符合法律规定。据此，依法裁定禁止被申请人余某金、罗某衡殴打、威胁、辱骂、骚扰、跟踪申请人罗某某，裁定有效期为六个月。之后，经法院调解，双方变更了抚养权，此案在一周内结案，未成年人罗某某在最短的时间摆脱了家庭暴力。

2. 陈某某诉张某某离婚纠纷案②

家庭暴力是婚姻关系中一方控制另一方的手段。张某某给陈某某规定了很多不成文家规，如所洗衣服必须让张某某满意、挨骂不

---

① 《最高人民法院公布十起涉家庭暴力典型案例》，载最高人民法院网站，http：//gongbao. court. gov. cn/details/a5da2b2a791db0241dae1b6ed8e579. html，2022 年 11 月 1 日访问。

② 《最高人民法院公布十起涉家庭暴力典型案例》，载最高人民法院网站，http：//gongbao. court. gov. cn/details/a5da2b2a791db0241dae1b6ed8e579. html，2022 年 11 月 1 日访问。

许还嘴、挨打后不许告诉他人等。张某某对陈某某的控制还可见于其诉讼中的表现，如在答辩状中表示道歉并保证不再殴打陈某某，但在庭审中却对陈某某进行威胁、指责、贬损，显见其无诚意和不思悔改。法院遂判决准许陈某某与张某某离婚。一审宣判后，双方均未上诉。一审宣判前，法院依陈某某申请发出人身安全保护裁定，禁止张某某殴打、威胁、跟踪、骚扰陈某某及女儿。

第六十六条 妇女平等享有占有、使用、收益和处分夫妻共同财产的权利

妇女对夫妻共同财产享有与其配偶平等的占有、使用、收益和处分的权利，不受双方收入状况等情形的影响。

对夫妻共同所有的不动产以及可以联名登记的动产，女方有权要求在权属证书上记载其姓名；认为记载的权利人、标的物、权利比例等事项有错误的，有权依法申请更正登记或者异议登记，有关机构应当按照其申请依法办理相应登记手续。

法 律

1.《民法典》（2020 年 5 月 28 日）

第 220 条 权利人、利害关系人认为不动产登记簿记载的事项错误的，可以申请更正登记。不动产登记簿记载的权利人书面同意更正或者有证据证明登记确有错误的，登记机构应当予以更正。

不动产登记簿记载的权利人不同意更正的，利害关系人可以申请异议登记。登记机构予以异议登记，申请人自异议登记之日起十五日内不提起诉讼的，异议登记失效。异议登记不当，造成权利人损害的，权利人可以向申请人请求损害赔偿。

第 1065 条 男女双方可以约定婚姻关系存续期间所得的财产以及婚前财产归各自所有、共同所有或者部分各自所有、部分

共同所有。约定应当采用书面形式。没有约定或者约定不明确的，适用本法第一千零六十二条、第一千零六十三条的规定。

夫妻对婚姻关系存续期间所得的财产以及婚前财产的约定，对双方具有法律约束力。

夫妻对婚姻关系存续期间所得的财产约定归各自所有，夫或者妻一方对外所负的债务，相对人知道该约定的，以夫或者妻一方的个人财产清偿。

● 司法解释及文件

2.《最高人民法院关于适用〈中华人民共和国民法典〉婚姻家庭编的解释（一）》（2020年12月29日）

第26条 夫妻一方个人财产在婚后产生的收益，除孳息和自然增值外，应认定为夫妻共同财产。

第27条 由一方婚前承租、婚后用共同财产购买的房屋，登记在一方名下的，应当认定为夫妻共同财产。

3.《最高人民法院关于适用〈中华人民共和国民法典〉物权编的解释（一）》（2022年12月29日）

第2条 当事人有证据证明不动产登记簿的记载与真实权利状态不符、其为该不动产物权的真实权利人，请求确认其享有物权的，应予支持。

第3条 异议登记因民法典第二百二十条第二款规定的事由失效后，当事人提起民事诉讼，请求确认物权归属的，应当依法受理。异议登记失效不影响人民法院对案件的实体审理。

第六十七条 离婚诉讼期间夫妻双方申报全部夫妻共同财产的义务

离婚诉讼期间，夫妻一方申请查询登记在对方名下财产状况且确因客观原因不能自行收集的，人民法院应当进行调查取证，有关部门和单位应当予以协助。

离婚诉讼期间，夫妻双方均有向人民法院申报全部夫妻共同财产的义务。一方隐藏、转移、变卖、损毁、挥霍夫妻共同财产，或者伪造夫妻共同债务企图侵占另一方财产的，在离婚分割夫妻共同财产时，对该方可以少分或者不分财产。

法　律

1.《民法典》（2020年5月28日）

第1066条　婚姻关系存续期间，有下列情形之一的，夫妻一方可以向人民法院请求分割共同财产：

（一）一方有隐藏、转移、变卖、毁损、挥霍夫妻共同财产或者伪造夫妻共同债务等严重损害夫妻共同财产利益的行为；

（二）一方负有法定扶养义务的人患重大疾病需要医治，另一方不同意支付相关医疗费用。

第1087条　离婚时，夫妻的共同财产由双方协议处理；协议不成的，由人民法院根据财产的具体情况，按照照顾子女、女方和无过错方权益的原则判决。

对夫或者妻在家庭土地承包经营中享有的权益等，应当依法予以保护。

第1092条　夫妻一方隐藏、转移、变卖、毁损、挥霍夫妻共同财产，或者伪造夫妻共同债务企图侵占另一方财产的，在离婚分割夫妻共同财产时，对该方可以少分或者不分。离婚后，另一方发现有上述行为的，可以向人民法院提起诉讼，请求再次分割夫妻共同财产。

2.《民事诉讼法》（2021年12月24日）

第67条　当事人对自己提出的主张，有责任提供证据。

当事人及其诉讼代理人因客观原因不能自行收集的证据，或者人民法院认为审理案件需要的证据，人民法院应当调查收集。

人民法院应当按照法定程序，全面地、客观地审查核实证据。

第六十八条　夫妻双方共同负担家庭义务

夫妻双方应当共同负担家庭义务，共同照顾家庭生活。

女方因抚育子女、照料老人、协助男方工作等负担较多义务的，有权在离婚时要求男方予以补偿。补偿办法由双方协议确定；协议不成的，可以向人民法院提起诉讼。

法　律

《民法典》（2020年5月28日）

第1088条　夫妻一方因抚育子女、照料老年人、协助另一方工作等负担较多义务的，离婚时有权向另一方请求补偿，另一方应当给予补偿。具体办法由双方协议；协议不成的，由人民法院判决。

第六十九条　夫妻共有房屋的离婚分割

离婚时，分割夫妻共有的房屋或者处理夫妻共同租住的房屋，由双方协议解决；协议不成的，可以向人民法院提起诉讼。

司法解释及文件

《最高人民法院关于适用〈中华人民共和国民法典〉婚姻家庭编的解释（一）》（2020年12月29日）

第29条　当事人结婚前，父母为双方购置房屋出资的，该出资应当认定为对自己子女个人的赠与，但父母明确表示赠与双方的除外。

当事人结婚后，父母为双方购置房屋出资的，依照约定处理；没有约定或者约定不明确的，按照民法典第一千零六十二条第一款第四项规定的原则处理。

第32条　婚前或者婚姻关系存续期间，当事人约定将一方所有的房产赠与另一方或者共有，赠与方在赠与房产变更登记之前撤销赠与，另一方请求判令继续履行的，人民法院可以按照民法典第六百五十八条的规定处理。

第 76 条　双方对夫妻共同财产中的房屋价值及归属无法达成协议时，人民法院按以下情形分别处理：

（一）双方均主张房屋所有权并且同意竞价取得的，应当准许；

（二）一方主张房屋所有权的，由评估机构按市场价格对房屋作出评估，取得房屋所有权的一方应当给予另一方相应的补偿；

（三）双方均不主张房屋所有权的，根据当事人的申请拍卖、变卖房屋，就所得价款进行分割。

第 77 条　离婚时双方对尚未取得所有权或者尚未取得完全所有权的房屋有争议且协商不成的，人民法院不宜判决房屋所有权的归属，应当根据实际情况判决由当事人使用。

当事人就前款规定的房屋取得完全所有权后，有争议的，可以另行向人民法院提起诉讼。

第 78 条　夫妻一方婚前签订不动产买卖合同，以个人财产支付首付款并在银行贷款，婚后用夫妻共同财产还贷，不动产登记于首付款支付方名下的，离婚时该不动产由双方协议处理。

依前款规定不能达成协议的，人民法院可以判决该不动产归登记一方，尚未归还的贷款为不动产登记一方的个人债务。双方婚后共同还贷支付的款项及其相对应财产增值部分，离婚时应根据民法典第一千零八十七条第一款规定的原则，由不动产登记一方对另一方进行补偿。

第 79 条　婚姻关系存续期间，双方用夫妻共同财产出资购买以一方父母名义参加房改的房屋，登记在一方父母名下，离婚时另一方主张按照夫妻共同财产对该房屋进行分割的，人民法院不予支持。购买该房屋时的出资，可以作为债权处理。

第七十条 母亲的监护权不受非法干涉

父母双方对未成年子女享有平等的监护权。

父亲死亡、无监护能力或者有其他情形不能担任未成年子女的监护人的，母亲的监护权任何组织和个人不得干涉。

● 法 律

《民法典》（2020 年 5 月 28 日）

第 27 条　父母是未成年子女的监护人。

未成年人的父母已经死亡或者没有监护能力的，由下列有监护能力的人按顺序担任监护人：

（一）祖父母、外祖父母；

（二）兄、姐；

（三）其他愿意担任监护人的个人或者组织，但是须经未成年人住所地的居民委员会、村民委员会或者民政部门同意。

第七十一条 丧失生育能力妇女对子女的优先抚养要求

女方丧失生育能力的，在离婚处理子女抚养问题时，应当在最有利于未成年子女的条件下，优先考虑女方的抚养要求。

● 法 律

1.《民法典》（2020 年 5 月 28 日）

第 1084 条　父母与子女间的关系，不因父母离婚而消除。离婚后，子女无论由父或者母直接抚养，仍是父母双方的子女。

离婚后，父母对于子女仍有抚养、教育、保护的权利和义务。

离婚后，不满两周岁的子女，以由母亲直接抚养为原则。已满两周岁的子女，父母双方对抚养问题协议不成的，由人民法院根据双方的具体情况，按照最有利于未成年子女的原则判决。子女已满八周岁的，应当尊重其真实意愿。

司法解释及文件

2.《最高人民法院关于适用〈中华人民共和国民法典〉婚姻家庭编的解释（一）》（2020年12月29日）

第46条　对已满两周岁的未成年子女，父母均要求直接抚养，一方有下列情形之一的，可予优先考虑：

（一）已做绝育手术或者因其他原因丧失生育能力；

（二）子女随其生活时间较长，改变生活环境对子女健康成长明显不利；

（三）无其他子女，而另一方有其他子女；

（四）子女随其生活，对子女成长有利，而另一方患有久治不愈的传染性疾病或者其他严重疾病，或者有其他不利于子女身心健康的情形，不宜与子女共同生活。

第八章　救济措施

第七十二条　常规救济途径

对侵害妇女合法权益的行为，任何组织和个人都有权予以劝阻、制止或者向有关部门提出控告或者检举。有关部门接到控告或者检举后，应当依法及时处理，并为控告人、检举人保密。

妇女的合法权益受到侵害的，有权要求有关部门依法处理，或者依法申请调解、仲裁，或者向人民法院起诉。

对符合条件的妇女，当地法律援助机构或者司法机关应当给予帮助，依法为其提供法律援助或者司法救助。

● 法　律

1.《劳动法》（2018 年 12 月 29 日）

第 85 条　县级以上各级人民政府劳动行政部门依法对用人单位遵守劳动法律、法规的情况进行监督检查，对违反劳动法律、法规的行为有权制止，并责令改正。

第 86 条　县级以上各级人民政府劳动行政部门监督检查人员执行公务，有权进入用人单位了解执行劳动法律、法规的情况，查阅必要的资料，并对劳动场所进行检查。

县级以上各级人民政府劳动行政部门监督检查人员执行公务，必须出示证件，秉公执法并遵守有关规定。

第 87 条　县级以上各级人民政府有关部门在各自职责范围内，对用人单位遵守劳动法律、法规的情况进行监督。

第 88 条　各级工会依法维护劳动者的合法权益，对用人单位遵守劳动法律、法规的情况进行监督。

任何组织和个人对于违反劳动法律、法规的行为有权检举和控告。

第 95 条　用人单位违反本法对女职工和未成年工的保护规定，侵害其合法权益的，由劳动行政部门责令改正，处以罚款；对女职工或者未成年工造成损害的，应当承担赔偿责任。

2.《劳动合同法》（2012 年 12 月 28 日）

第 77 条　劳动者合法权益受到侵害的，有权要求有关部门依法处理，或者依法申请仲裁、提起诉讼。

第 78 条　工会依法维护劳动者的合法权益，对用人单位履行劳动合同、集体合同的情况进行监督。用人单位违反劳动法律、法规和劳动合同、集体合同的，工会有权提出意见或者要求纠正；劳动者申请仲裁、提起诉讼的，工会依法给予支持和帮助。

第 79 条　任何组织或者个人对违反本法的行为都有权举报，县级以上人民政府劳动行政部门应当及时核实、处理，并对举报有功人员给予奖励。

行政法规及文件

3.《女职工劳动保护特别规定》（2012 年 4 月 28 日）

第 14 条 用人单位违反本规定，侵害女职工合法权益的，女职工可以依法投诉、举报、申诉，依法向劳动人事争议调解仲裁机构申请调解仲裁，对仲裁裁决不服的，依法向人民法院提起诉讼。

第 15 条 用人单位违反本规定，侵害女职工合法权益，造成女职工损害的，依法给予赔偿；用人单位及其直接负责的主管人员和其他直接责任人员构成犯罪的，依法追究刑事责任。

第七十三条 妇联的支持与帮助

妇女的合法权益受到侵害的，可以向妇女联合会等妇女组织求助。妇女联合会等妇女组织应当维护被侵害妇女的合法权益，有权要求并协助有关部门或者单位查处。有关部门或者单位应当依法查处，并予以答复；不予处理或者处理不当的，县级以上人民政府负责妇女儿童工作的机构、妇女联合会可以向其提出督促处理意见，必要时可以提请同级人民政府开展督查。

受害妇女进行诉讼需要帮助的，妇女联合会应当给予支持和帮助。

第八章

法 律

1.《工会法》（2021 年 12 月 24 日）

第 23 条 企业、事业单位、社会组织违反劳动法律法规规定，有下列侵犯职工劳动权益情形，工会应当代表职工与企业、事业单位、社会组织交涉，要求企业、事业单位、社会组织采取措施予以改正；企业、事业单位、社会组织应当予以研究处理，并向工会作出答复；企业、事业单位、社会组织拒不改正的，工会可以提请当地人民政府依法作出处理：

（一）克扣、拖欠职工工资的；

（二）不提供劳动安全卫生条件的；

（三）随意延长劳动时间的；

（四）侵犯女职工和未成年工特殊权益的；

（五）其他严重侵犯职工劳动权益的。

2.《劳动法》（2018 年 12 月 29 日）

第 95 条　用人单位违反本法对女职工和未成年工的保护规定，侵害其合法权益的，由劳动行政部门责令改正，处以罚款；对女职工或者未成年工造成损害的，应当承担赔偿责任。

第七十四条　对用人单位侵害妇女权益的联合约谈机制

用人单位侵害妇女劳动和社会保障权益的，人力资源和社会保障部门可以联合工会、妇女联合会约谈用人单位，依法进行监督并要求其限期纠正。

● 法　律

《劳动合同法》（2012 年 12 月 28 日）

第 77 条　劳动者合法权益受到侵害的，有权要求有关部门依法处理，或者依法申请仲裁、提起诉讼。

第 78 条　工会依法维护劳动者的合法权益，对用人单位履行劳动合同、集体合同的情况进行监督。用人单位违反劳动法律、法规和劳动合同、集体合同的，工会有权提出意见或者要求纠正；劳动者申请仲裁、提起诉讼的，工会依法给予支持和帮助。

第 80 条　用人单位直接涉及劳动者切身利益的规章制度违反法律、法规规定的，由劳动行政部门责令改正，给予警告；给劳动者造成损害的，应当承担赔偿责任。

第七十五条 妇女在农村集体经济组织中权益的保护

妇女在农村集体经济组织成员身份确认等方面权益受到侵害的，可以申请乡镇人民政府等进行协调，或者向人民法院起诉。

乡镇人民政府应当对村民自治章程、村规民约，村民会议、村民代表会议的决定以及其他涉及村民利益事项的决定进行指导，对其中违反法律、法规和国家政策规定，侵害妇女合法权益的内容责令改正；受侵害妇女向农村土地承包仲裁机构申请仲裁或者向人民法院起诉的，农村土地承包仲裁机构或者人民法院应当依法受理。

第七十六条 妇女权益保护服务热线

县级以上人民政府应当开通全国统一的妇女权益保护服务热线，及时受理、移送有关侵害妇女合法权益的投诉、举报；有关部门或者单位接到投诉、举报后，应当及时予以处置。

鼓励和支持群团组织、企业事业单位、社会组织和个人参与建设妇女权益保护服务热线，提供妇女权益保护方面的咨询、帮助。

第七十七条 检察机关检察建议和提起公益诉讼

侵害妇女合法权益，导致社会公共利益受损的，检察机关可以发出检察建议；有下列情形之一的，检察机关可以依法提起公益诉讼：

（一）确认农村妇女集体经济组织成员身份时侵害妇女权益或者侵害妇女享有的农村土地承包和集体收益、土地征收征用补偿分配权益和宅基地使用权益；

（二）侵害妇女平等就业权益；
（三）相关单位未采取合理措施预防和制止性骚扰；
（四）通过大众传播媒介或者其他方式贬低损害妇女人格；
（五）其他严重侵害妇女权益的情形。

● 法 律

《人民检察院组织法》（2018 年 10 月 26 日）

第 2 条 人民检察院是国家的法律监督机关。

人民检察院通过行使检察权，追诉犯罪，维护国家安全和社会秩序，维护个人和组织的合法权益，维护国家利益和社会公共利益，保障法律正确实施，维护社会公平正义，维护国家法制统一、尊严和权威，保障中国特色社会主义建设的顺利进行。

第 20 条 人民检察院行使下列职权：

（一）依照法律规定对有关刑事案件行使侦查权；

（二）对刑事案件进行审查，批准或者决定是否逮捕犯罪嫌疑人；

（三）对刑事案件进行审查，决定是否提起公诉，对决定提起公诉的案件支持公诉；

（四）依照法律规定提起公益诉讼；

（五）对诉讼活动实行法律监督；

（六）对判决、裁定等生效法律文书的执行工作实行法律监督；

（七）对监狱、看守所的执法活动实行法律监督；

（八）法律规定的其他职权。

第 21 条 人民检察院行使本法第二十条规定的法律监督职权，可以进行调查核实，并依法提出抗诉、纠正意见、检察建议。有关单位应当予以配合，并及时将采纳纠正意见、检察建议的情况书面回复人民检察院。

抗诉、纠正意见、检察建议的适用范围及其程序，依照法律有关规定。

第七十八条 有关单位支持受侵害的妇女起诉

国家机关、社会团体、企业事业单位对侵害妇女权益的行为，可以支持受侵害的妇女向人民法院起诉。

法 律

1.《工会法》(2021 年 12 月 24 日)

第 50 条 工会对违反本法规定侵犯其合法权益的，有权提请人民政府或者有关部门予以处理，或者向人民法院提起诉讼。

2.《就业促进法》(2015 年 4 月 24 日)

第 62 条 违反本法规定，实施就业歧视的，劳动者可以向人民法院提起诉讼。

第 68 条 违反本法规定，侵害劳动者合法权益，造成财产损失或者其他损害的，依法承担民事责任；构成犯罪的，依法追究刑事责任。

第九章 法律责任

第七十九条 发现妇女被拐卖、绑架未履行报告义务的责任

违反本法第二十二条第二款规定，未履行报告义务的，依法对直接负责的主管人员和其他直接责任人员给予处分。

第八十条 学校、用人单位未采取措施预防和制止对妇女实施性骚扰的责任

违反本法规定，对妇女实施性骚扰的，由公安机关给予批评教育或者出具告诫书，并由所在单位依法给予处分。

学校、用人单位违反本法规定，未采取必要措施预防和制止性骚扰，造成妇女权益受到侵害或者社会影响恶劣的，由上级机关或者主管部门责令改正；拒不改正或者情节严重的，依法对直接负责的主管人员和其他直接责任人员给予处分。

第八十一条 住宿经营者发现侵害妇女权益违法犯罪未履行报告义务的责任

违反本法第二十六条规定，未履行报告等义务的，依法给予警告、责令停业整顿或者吊销营业执照、吊销相关许可证，并处一万元以上五万元以下罚款。

第八十二条 通过大众传播媒介等方式贬低损害妇女人格的责任

违反本法规定，通过大众传播媒介或者其他方式贬低损害妇女人格的，由公安、网信、文化旅游、广播电视、新闻出版或者其他有关部门依据各自的职权责令改正，并依法给予行政处罚。

第八十三条 用人单位就业性别歧视和侵害女职工法定权益的责任

用人单位违反本法第四十三条和第四十八条规定的，由人力资源和社会保障部门责令改正；拒不改正或者情节严重的，处一万元以上五万元以下罚款。

第八十四条　不作为、打击报复等消极行为的主管人员和其他直接责任人责任

违反本法规定，对侵害妇女权益的申诉、控告、检举，推诿、拖延、压制不予查处，或者对提出申诉、控告、检举的人进行打击报复的，依法责令改正，并对直接负责的主管人员和其他直接责任人员给予处分。

国家机关及其工作人员未依法履行职责，对侵害妇女权益的行为未及时制止或者未给予受害妇女必要帮助，造成严重后果的，依法对直接负责的主管人员和其他直接责任人员给予处分。

违反本法规定，侵害妇女人身和人格权益、文化教育权益、劳动和社会保障权益、财产权益以及婚姻家庭权益的，依法责令改正，直接负责的主管人员和其他直接责任人员属于国家工作人员的，依法给予处分。

法　律

1. **《刑法》**（2020 年 12 月 26 日）

第 416 条　对被拐卖、绑架的妇女、儿童负有解救职责的国家机关工作人员，接到被拐卖、绑架的妇女、儿童及其家属的解救要求或者接到其他人的举报，而对被拐卖、绑架的妇女、儿童不进行解救，造成严重后果的，处五年以下有期徒刑或者拘役。

负有解救职责的国家机关工作人员利用职务阻碍解救的，处二年以上七年以下有期徒刑；情节较轻的，处二年以下有期徒刑或者拘役。

2. **《劳动法》**（2018 年 12 月 29 日）

第 103 条　劳动行政部门或者有关部门的工作人员滥用职权、玩忽职守、徇私舞弊，构成犯罪的，依法追究刑事责任；不

构成犯罪的，给予行政处分。

3.《就业促进法》（2015 年 4 月 24 日）

第 61 条 违反本法规定，劳动行政等有关部门及其工作人员滥用职权、玩忽职守、徇私舞弊的，对直接负责的主管人员和其他直接责任人员依法给予处分。

4.《工会法》（2021 年 12 月 24 日）

第 51 条 违反本法第三条、第十二条规定，阻挠职工依法参加和组织工会或者阻挠上级工会帮助、指导职工筹建工会的，由劳动行政部门责令其改正；拒不改正的，由劳动行政部门提请县级以上人民政府处理；以暴力、威胁等手段阻挠造成严重后果，构成犯罪的，依法追究刑事责任。

第八十五条 侵害妇女合法权益的其他法律责任

违反本法规定，侵害妇女的合法权益，其他法律、法规规定行政处罚的，从其规定；造成财产损失或者人身损害的，依法承担民事责任；构成犯罪的，依法追究刑事责任。

第十章 附 则

第八十六条 施行日期

本法自 2023 年 1 月 1 日起施行。

附录一　相关规定

关于《中华人民共和国妇女权益保障法（修订草案）》的说明

——2021 年 12 月 20 日在第十三届全国人民代表大会常务委员会第三十二次会议上

全国人大社会建设委员会主任委员　何毅亭

委员长、各位副委员长、秘书长、各位委员：

我受全国人大社会建设委员会委托，作关于《中华人民共和国妇女权益保障法（修订草案）》的说明。

一、妇女权益保障法修改的必要性

妇女是人类文明的开创者、社会进步的推动者，妇女的地位体现了一个国家的文明与进步。党和国家高度重视、积极推进妇女工作，促进男女平等和妇女全面发展。党的十八大以来，以习近平同志为核心的党中央从党和国家事业发展全局出发，就维护妇女权益、促进妇女全面发展，提出新的更高要求，作出一系列重要部署。习近平总书记多次强调，“妇女权益是基本人权”“要把保障妇女权益系统纳入法律法规，上升为国家意志，内化为社会行为规范”。习近平总书记的重要论述和党中央的决策部署，为做好妇女权益保障工作指明了方向。

现行的妇女权益保障法是 1992 年由七届全国人大五次会议通过的，此后经过了 2005 年的全面修订、2018 年的个别调整。该法实施近 30 年来，有力促进了妇女在各方面权益保障水平的提高，推动了男女平等基本国策深入人心。同时不可否认，妇女权益保障领域存在的一些老问题尚未得到根本解决，如妇女被拐卖、性侵、家庭暴力、性骚扰，农村妇女、残疾妇女、单亲母亲等群体仍面临特殊困难等；随着经济社会发展又出现了一些新情况、新问题。如生育政策调整后生育与就业矛盾加剧，就业领域的性别歧视有所凸显；农村产权形式和分配方式发生变化后保护农村妇女财产权益面临新挑战；家庭稳定性持续下降，离婚率上升，婚姻家庭关系引发的矛盾纠纷日益复杂等等。面对这些情况，现行妇女权益保障法亟待进一步拓展和强化。近年来，全国人大代表多次就修改妇女权益保障法提出议案，仅十三届全国人大一次会议以来，就先后有350名全国人大代表提出11件关于修改妇女权益保障法的议案。社会各界也呼吁通过修法，进一步优化促进男女平等的基础性制度设计，完善保障内容，提升保障水平，为妇女全面发展营造环境、扫清障碍、创造条件。

全国人大常委会认真贯彻落实党中央关于保障妇女权益的决策部署，积极回应社会关切，将修改妇女权益保障法列入常委会2021年度立法工作计划。2021年以来，社会建设委员会在全国妇联提交的建议稿基础上，通过向地方人大书面征求意见、召开专家座谈会、开展实地调研和委托地方调研等方式，充分研究论证，不断完善草案文本，在广泛听取、积极吸纳各方面意见建议的基础上，形成了《中华人民共和国妇女权益保障法（修订草案）》（以下简称《修订草案》）。

二、妇女权益保障法修改的指导思想和总体思路

（一）指导思想

以习近平新时代中国特色社会主义思想为指导，全面贯彻习近平总书记关于加强妇女工作、维护妇女合法权益重要讲话精神和党中央决策部署，坚持以人民为中心的发展思想，贯彻落实男女平等基本国策，着力完善相关制度机制和保障性法律措施，为促进男女平等和妇女全面发展提供坚实的法治保障。

（二）总体思路

一是立足国情实际，逐步健全与我国发展阶段相适应的妇女权益保障制度。近年来党和国家陆续出台了多个旨在加强妇女权益保障的规范性文件，各地在妇女权益保障工作中进行了积极探索，积累了丰富的实践经验。《修订草案》将适应妇女权益保障现实需要、实践证明行之有效、各方面认识比较一致的措施及时转化为法律规范，确保妇女平等分享发展成果。同时坚持尽力而为、量力而行原则，不盲目效仿西方国家的做法，对于争议较大或目前修改时机和条件尚不成熟的内容，不做出修订。

二是坚持问题导向，力争在解决妇女权益保障领域存在的突出问题上有所突破。妇女权益保障领域长期存在一些痛点、难点问题，直接关系妇女的切身利益和亿万家庭的幸福美满，影响社会和谐稳定。《修订草案》针对这些突出问题，致力于优化妇女发展环境，加强制度机制构建，在权利确认、预防性保障、侵害处置、救济措施、责任追究等方面进一步完善相关规定，消除不利于妇女发展的障碍，促进男女平等和妇女全面发展。

三是坚持系统观念，处理好与相关法律、法规和政策的衔接配合。妇女权益保障涉及宪法和民法典、刑法以及劳动、教育、社会保障、土地承包、基层政权建设、人口与计划生育、母婴保健、反家庭暴力等方面的法律法规。《修订草案》坚持本法作为妇女权益保障领域专门法的定位，注意处理好与其他法律法规的关系。对其他法律没有规定或者规定不够完善的，尽可能在本法中作出明确具体的规定；其他法律已有明确规定的，本法只做原则性、衔接性的规定；对于适宜通过制定行政法规或政策细化和解决的问题，在本法中只做原则性规定，避免挂一漏万。

四是尊重地区差异，为地方立法留下空间。在妇女权益保障领域，各地存在的突出问题不尽相同，经济社会发展水平能够支撑的保障程度也不尽相同，一些问题不宜在本法中做“一刀切”

的规定。《修订草案》着眼于发挥地方立法灵活性大、针对性和集合性强的优势，对妇女权益保障中的某些问题，如高额彩礼等婚姻陋习，在本法中未做规定，留待地方立法予以规范。

三、妇女权益保障法修改的主要内容

现行妇女权益保障法共九章六十一条，《修订草案》修改四十八条、保留十二条、删除一条，新增二十四条，修改后共计九章八十六条。主要修改内容如下。

（一）关于总则部分

健全完善促进男女平等和妇女全面发展的制度机制，是保障妇女权益的基础性工作。《修订草案》增加了“歧视妇女”的含义、维护妇女权益的工作机制、司法机关的责任、法律政策性别平等评估机制、性别统计调查和发布制度、男女平等基本国策教育等新规定，并对其他条款作了调整和补充完善。

（二）关于妇女权益的保障

《修订草案》从六个方面进一步完善和加强了对妇女权益的保障。

1. 在政治权利保障方面。增加了基层群众性自治组织和用人单位应当组织妇女参与相关协商议事活动、职工代表大会中女职工代表的比例应当与女职工所占比例相适应等新规定，强化了妇女联合会的新职能，进一步拓宽妇女参与国家和社会事务管理的途径。

2. 在文化教育权益保障方面。补充完善了保障适龄女性未成年人接受并完成义务教育的相关规定，明确政府采取措施，保障女性平等享有接受中高等教育的权利和机会。

3. 在劳动和社会保障权益方面。重点明确就业性别歧视的主要情形，完善消除就业性别歧视的机制，推广女职工特殊权益专项集体合同，建立企业性别平等报告制度，针对平台用工等新的就业形态明确规定应当参照适用本法的相关规定，增强新形势下对妇女就业的全方位保护。

4. 在财产权益保障方面。主要增加了对农村妇女土地及相关权益的保护措施，明确了基层人民政府对村民自治章程、村规民约以及涉及村民利益事项的决定中侵害妇女权益的内容予以纠正的责任，对城镇集体经济中的妇女权益保护做出了新规定。

5. 在人格权益保障方面。首先是将原第六章的章名“人身权利”修改为“人格权益”；其次是细化了对妇女生命健康权的保护措施，列举了性骚扰的常见情形并规定了学校和用人单位应当采取的预防和制止措施，扩大了人身安全保护令的适用范围，增加了建立妇女健康服务体系、提供妇女特殊生理期健康服务、建设满足妇女基本需要的设施、保护被性侵妇女的权益等新内容。

6. 在婚姻家庭权益保障方面。增加了鼓励婚前体检、建立婚姻家庭辅导服务制度等新规定；对民法典有关夫妻共同财产的规定进行了细化，增加了有关财产权属登记、离婚诉讼期间共同财产查询、离婚时家务劳动经济补偿等规定，加强对女方合法权益的保护。

（三）关于法律救济与法律责任

《修订草案》增加了各级妇儿工委可以发出督促处理意见书、加强全国统一的妇女维权服务热线建设、建立妇女权益保障检察公益诉讼制度、支持起诉制度等新救济途径，完善了妇女在农村集体经济权益受侵害时的救济途径，增加了实施就业性别歧视、未采取性骚扰预防制止措施的法律责任等，进一步细化、强化了法律救济和法律责任，增强了法律的刚性。

此外，《修订草案》还对部分条文做了文字修改。

《中华人民共和国妇女权益保障法（修订草案）》和以上说明是否妥当，请审议。

中华人民共和国民法典（节录）

（2020年5月28日第十三届全国人民代表大会第三次会议通过　2020年5月28日中华人民共和国主席令第45号公布　自2021年1月1日起施行）

……

第四编　人　格　权

第一章　一般规定

第九百八十九条　本编调整因人格权的享有和保护产生的民事关系。

第九百九十条　人格权是民事主体享有的生命权、身体权、健康权、姓名权、名称权、肖像权、名誉权、荣誉权、隐私权等权利。

除前款规定的人格权外，自然人享有基于人身自由、人格尊严产生的其他人格权益。

第九百九十一条　民事主体的人格权受法律保护，任何组织或者个人不得侵害。

第九百九十二条　人格权不得放弃、转让或者继承。

第九百九十三条　民事主体可以将自己的姓名、名称、肖像等许可他人使用，但是依照法律规定或者根据其性质不得许可的除外。

第九百九十四条　死者的姓名、肖像、名誉、荣誉、隐私、遗体等受到侵害的，其配偶、子女、父母有权依法请求行为人承担民事责任；死者没有配偶、子女且父母已经死亡的，其他近亲属有权依法请求行为人承担民事责任。

第九百九十五条 人格权受到侵害的，受害人有权依照本法和其他法律的规定请求行为人承担民事责任。受害人的停止侵害、排除妨碍、消除危险、消除影响、恢复名誉、赔礼道歉请求权，不适用诉讼时效的规定。

第九百九十六条 因当事人一方的违约行为，损害对方人格权并造成严重精神损害，受损害方选择请求其承担违约责任的，不影响受损害方请求精神损害赔偿。

第九百九十七条 民事主体有证据证明行为人正在实施或者即将实施侵害其人格权的违法行为，不及时制止将使其合法权益受到难以弥补的损害的，有权依法向人民法院申请采取责令行为人停止有关行为的措施。

第九百九十八条 认定行为人承担侵害除生命权、身体权和健康权外的人格权的民事责任，应当考虑行为人和受害人的职业、影响范围、过错程度，以及行为的目的、方式、后果等因素。

第九百九十九条 为公共利益实施新闻报道、舆论监督等行为的，可以合理使用民事主体的姓名、名称、肖像、个人信息等；使用不合理侵害民事主体人格权的，应当依法承担民事责任。

第一千条 行为人因侵害人格权承担消除影响、恢复名誉、赔礼道歉等民事责任的，应当与行为的具体方式和造成的影响范围相当。

行为人拒不承担前款规定的民事责任的，人民法院可以采取在报刊、网络等媒体上发布公告或者公布生效裁判文书等方式执行，产生的费用由行为人负担。

第一千零一条 对自然人因婚姻家庭关系等产生的身份权利

的保护，适用本法第一编、第五编和其他法律的相关规定；没有规定的，可以根据其性质参照适用本编人格权保护的有关规定。

第二章　生命权、身体权和健康权

第一千零二条　自然人享有生命权。自然人的生命安全和生命尊严受法律保护。任何组织或者个人不得侵害他人的生命权。

第一千零三条　自然人享有身体权。自然人的身体完整和行动自由受法律保护。任何组织或者个人不得侵害他人的身体权。

第一千零四条　自然人享有健康权。自然人的身心健康受法律保护。任何组织或者个人不得侵害他人的健康权。

第一千零五条　自然人的生命权、身体权、健康权受到侵害或者处于其他危难情形的，负有法定救助义务的组织或者个人应当及时施救。

第一千零六条　完全民事行为能力人有权依法自主决定无偿捐献其人体细胞、人体组织、人体器官、遗体。任何组织或者个人不得强迫、欺骗、利诱其捐献。

完全民事行为能力人依据前款规定同意捐献的，应当采用书面形式，也可以订立遗嘱。

自然人生前未表示不同意捐献的，该自然人死亡后，其配偶、成年子女、父母可以共同决定捐献，决定捐献应当采用书面形式。

第一千零七条　禁止以任何形式买卖人体细胞、人体组织、人体器官、遗体。

违反前款规定的买卖行为无效。

第一千零八条　为研制新药、医疗器械或者发展新的预防和治疗方法，需要进行临床试验的，应当依法经相关主管部门批准并经伦理委员会审查同意，向受试者或者受试者的监护人告知试验目的、用途和可能产生的风险等详细情况，并经其书面同意。

进行临床试验的，不得向受试者收取试验费用。

第一千零九条 从事与人体基因、人体胚胎等有关的医学和科研活动，应当遵守法律、行政法规和国家有关规定，不得危害人体健康，不得违背伦理道德，不得损害公共利益。

第一千零一十条 违背他人意愿，以言语、文字、图像、肢体行为等方式对他人实施性骚扰的，受害人有权依法请求行为人承担民事责任。

机关、企业、学校等单位应当采取合理的预防、受理投诉、调查处置等措施，防止和制止利用职权、从属关系等实施性骚扰。

第一千零一十一条 以非法拘禁等方式剥夺、限制他人的行动自由，或者非法搜查他人身体的，受害人有权依法请求行为人承担民事责任。

第三章 姓名权和名称权

第一千零一十二条 自然人享有姓名权，有权依法决定、使用、变更或者许可他人使用自己的姓名，但是不得违背公序良俗。

第一千零一十三条 法人、非法人组织享有名称权，有权依法决定、使用、变更、转让或者许可他人使用自己的名称。

第一千零一十四条 任何组织或者个人不得以干涉、盗用、假冒等方式侵害他人的姓名权或者名称权。

第一千零一十五条 自然人应当随父姓或者母姓，但是有下列情形之一的，可以在父姓和母姓之外选取姓氏：

（一）选取其他直系长辈血亲的姓氏；

（二）因由法定扶养人以外的人扶养而选取扶养人姓氏；

（三）有不违背公序良俗的其他正当理由。

少数民族自然人的姓氏可以遵从本民族的文化传统和风俗

习惯。

第一千零一十六条 自然人决定、变更姓名，或者法人、非法人组织决定、变更、转让名称的，应当依法向有关机关办理登记手续，但是法律另有规定的除外。

民事主体变更姓名、名称的，变更前实施的民事法律行为对其具有法律约束力。

第一千零一十七条 具有一定社会知名度，被他人使用足以造成公众混淆的笔名、艺名、网名、译名、字号、姓名和名称的简称等，参照适用姓名权和名称权保护的有关规定。

第四章 肖 像 权

第一千零一十八条 自然人享有肖像权，有权依法制作、使用、公开或者许可他人使用自己的肖像。

肖像是通过影像、雕塑、绘画等方式在一定载体上所反映的特定自然人可以被识别的外部形象。

第一千零一十九条 任何组织或者个人不得以丑化、污损，或者利用信息技术手段伪造等方式侵害他人的肖像权。未经肖像权人同意，不得制作、使用、公开肖像权人的肖像，但是法律另有规定的除外。

未经肖像权人同意，肖像作品权利人不得以发表、复制、发行、出租、展览等方式使用或者公开肖像权人的肖像。

第一千零二十条 合理实施下列行为的，可以不经肖像权人同意：

（一）为个人学习、艺术欣赏、课堂教学或者科学研究，在必要范围内使用肖像权人已经公开的肖像；

（二）为实施新闻报道，不可避免地制作、使用、公开肖像权人的肖像；

（三）为依法履行职责，国家机关在必要范围内制作、使用、公开肖像权人的肖像；

（四）为展示特定公共环境，不可避免地制作、使用、公开肖像权人的肖像；

（五）为维护公共利益或者肖像权人合法权益，制作、使用、公开肖像权人的肖像的其他行为。

第一千零二十一条 当事人对肖像许可使用合同中关于肖像使用条款的理解有争议的，应当作出有利于肖像权人的解释。

第一千零二十二条 当事人对肖像许可使用期限没有约定或者约定不明确的，任何一方当事人可以随时解除肖像许可使用合同，但是应当在合理期限之前通知对方。

当事人对肖像许可使用期限有明确约定，肖像权人有正当理由的，可以解除肖像许可使用合同，但是应当在合理期限之前通知对方。因解除合同造成对方损失的，除不可归责于肖像权人的事由外，应当赔偿损失。

第一千零二十三条 对姓名等的许可使用，参照适用肖像许可使用的有关规定。

对自然人声音的保护，参照适用肖像权保护的有关规定。

第五章 名誉权和荣誉权

第一千零二十四条 民事主体享有名誉权。任何组织或者个人不得以侮辱、诽谤等方式侵害他人的名誉权。

名誉是对民事主体的品德、声望、才能、信用等的社会评价。

第一千零二十五条 行为人为公共利益实施新闻报道、舆论监督等行为，影响他人名誉的，不承担民事责任，但是有下列情形之一的除外：

（一）捏造、歪曲事实；

（二）对他人提供的严重失实内容未尽到合理核实义务；

（三）使用侮辱性言辞等贬损他人名誉。

第一千零二十六条 认定行为人是否尽到前条第二项规定的合理核实义务，应当考虑下列因素：

（一）内容来源的可信度；

（二）对明显可能引发争议的内容是否进行了必要的调查；

（三）内容的时限性；

（四）内容与公序良俗的关联性；

（五）受害人名誉受贬损的可能性；

（六）核实能力和核实成本。

第一千零二十七条 行为人发表的文学、艺术作品以真人真事或者特定人为描述对象，含有侮辱、诽谤内容，侵害他人名誉权的，受害人有权依法请求该行为人承担民事责任。

行为人发表的文学、艺术作品不以特定人为描述对象，仅其中的情节与该特定人的情况相似的，不承担民事责任。

第一千零二十八条 民事主体有证据证明报刊、网络等媒体报道的内容失实，侵害其名誉权的，有权请求该媒体及时采取更正或者删除等必要措施。

第一千零二十九条 民事主体可以依法查询自己的信用评价；发现信用评价不当的，有权提出异议并请求采取更正、删除等必要措施。信用评价人应当及时核查，经核查属实的，应当及时采取必要措施。

第一千零三十条 民事主体与征信机构等信用信息处理者之间的关系，适用本编有关个人信息保护的规定和其他法律、行政法规的有关规定。

第一千零三十一条 民事主体享有荣誉权。任何组织或者个人不得非法剥夺他人的荣誉称号，不得诋毁、贬损他人的荣誉。

获得的荣誉称号应当记载而没有记载的，民事主体可以请求记载；获得的荣誉称号记载错误的，民事主体可以请求更正。

第六章　隐私权和个人信息保护

第一千零三十二条　自然人享有隐私权。任何组织或者个人不得以刺探、侵扰、泄露、公开等方式侵害他人的隐私权。

隐私是自然人的私人生活安宁和不愿为他人知晓的私密空间、私密活动、私密信息。

第一千零三十三条　除法律另有规定或者权利人明确同意外，任何组织或者个人不得实施下列行为：

（一）以电话、短信、即时通讯工具、电子邮件、传单等方式侵扰他人的私人生活安宁；

（二）进入、拍摄、窥视他人的住宅、宾馆房间等私密空间；

（三）拍摄、窥视、窃听、公开他人的私密活动；

（四）拍摄、窥视他人身体的私密部位；

（五）处理他人的私密信息；

（六）以其他方式侵害他人的隐私权。

第一千零三十四条　自然人的个人信息受法律保护。

个人信息是以电子或者其他方式记录的能够单独或者与其他信息结合识别特定自然人的各种信息，包括自然人的姓名、出生日期、身份证件号码、生物识别信息、住址、电话号码、电子邮箱、健康信息、行踪信息等。

个人信息中的私密信息，适用有关隐私权的规定；没有规定的，适用有关个人信息保护的规定。

第一千零三十五条　处理个人信息的，应当遵循合法、正当、必要原则，不得过度处理，并符合下列条件：

（一）征得该自然人或者其监护人同意，但是法律、行政法规另有规定的除外；

（二）公开处理信息的规则；

（三）明示处理信息的目的、方式和范围；

（四）不违反法律、行政法规的规定和双方的约定。

个人信息的处理包括个人信息的收集、存储、使用、加工、传输、提供、公开等。

第一千零三十六条　处理个人信息，有下列情形之一的，行为人不承担民事责任：

（一）在该自然人或者其监护人同意的范围内合理实施的行为；

（二）合理处理该自然人自行公开的或者其他已经合法公开的信息，但是该自然人明确拒绝或者处理该信息侵害其重大利益的除外；

（三）为维护公共利益或者该自然人合法权益，合理实施的其他行为。

第一千零三十七条　自然人可以依法向信息处理者查阅或者复制其个人信息；发现信息有错误的，有权提出异议并请求及时采取更正等必要措施。

自然人发现信息处理者违反法律、行政法规的规定或者双方的约定处理其个人信息的，有权请求信息处理者及时删除。

第一千零三十八条　信息处理者不得泄露或者篡改其收集、存储的个人信息；未经自然人同意，不得向他人非法提供其个人信息，但是经过加工无法识别特定个人且不能复原的除外。

信息处理者应当采取技术措施和其他必要措施，确保其收集、存储的个人信息安全，防止信息泄露、篡改、丢失；发生或者可能发生个人信息泄露、篡改、丢失的，应当及时采取补救措施，按照规定告知自然人并向有关主管部门报告。

第一千零三十九条　国家机关、承担行政职能的法定机构及其工作人员对于履行职责过程中知悉的自然人的隐私和个人信息，应当予以保密，不得泄露或者向他人非法提供。

第五编　婚姻家庭

第一章　一般规定

第一千零四十条　本编调整因婚姻家庭产生的民事关系。

第一千零四十一条　婚姻家庭受国家保护。

实行婚姻自由、一夫一妻、男女平等的婚姻制度。

保护妇女、未成年人、老年人、残疾人的合法权益。

第一千零四十二条　禁止包办、买卖婚姻和其他干涉婚姻自由的行为。禁止借婚姻索取财物。

禁止重婚。禁止有配偶者与他人同居。

禁止家庭暴力。禁止家庭成员间的虐待和遗弃。

第一千零四十三条　家庭应当树立优良家风，弘扬家庭美德，重视家庭文明建设。

夫妻应当互相忠实，互相尊重，互相关爱；家庭成员应当敬老爱幼，互相帮助，维护平等、和睦、文明的婚姻家庭关系。

第一千零四十四条　收养应当遵循最有利于被收养人的原则，保障被收养人和收养人的合法权益。

禁止借收养名义买卖未成年人。

第一千零四十五条　亲属包括配偶、血亲和姻亲。

配偶、父母、子女、兄弟姐妹、祖父母、外祖父母、孙子女、外孙子女为近亲属。

配偶、父母、子女和其他共同生活的近亲属为家庭成员。

第二章　结　　婚

第一千零四十六条　结婚应当男女双方完全自愿，禁止任何一方对另一方加以强迫，禁止任何组织或者个人加以干涉。

第一千零四十七条　结婚年龄，男不得早于二十二周岁，女不得早于二十周岁。

第一千零四十八条 直系血亲或者三代以内的旁系血亲禁止结婚。

第一千零四十九条 要求结婚的男女双方应当亲自到婚姻登记机关申请结婚登记。符合本法规定的，予以登记，发给结婚证。完成结婚登记，即确立婚姻关系。未办理结婚登记的，应当补办登记。

第一千零五十条 登记结婚后，按照男女双方约定，女方可以成为男方家庭的成员，男方可以成为女方家庭的成员。

第一千零五十一条 有下列情形之一的，婚姻无效：

（一）重婚；

（二）有禁止结婚的亲属关系；

（三）未到法定婚龄。

第一千零五十二条 因胁迫结婚的，受胁迫的一方可以向人民法院请求撤销婚姻。

请求撤销婚姻的，应当自胁迫行为终止之日起一年内提出。

被非法限制人身自由的当事人请求撤销婚姻的，应当自恢复人身自由之日起一年内提出。

第一千零五十三条 一方患有重大疾病的，应当在结婚登记前如实告知另一方；不如实告知的，另一方可以向人民法院请求撤销婚姻。

请求撤销婚姻的，应当自知道或者应当知道撤销事由之日起一年内提出。

第一千零五十四条 无效的或者被撤销的婚姻自始没有法律约束力，当事人不具有夫妻的权利和义务。同居期间所得的财产，由当事人协议处理；协议不成的，由人民法院根据照顾无过错方的原则判决。对重婚导致的无效婚姻的财产处理，不得侵害合法婚姻当事人的财产权益。当事人所生的子女，适用本法关于父母子女的规定。

婚姻无效或者被撤销的，无过错方有权请求损害赔偿。

第三章　家 庭 关 系

第一节　夫 妻 关 系

第一千零五十五条　夫妻在婚姻家庭中地位平等。

第一千零五十六条　夫妻双方都有各自使用自己姓名的权利。

第一千零五十七条　夫妻双方都有参加生产、工作、学习和社会活动的自由，一方不得对另一方加以限制或者干涉。

第一千零五十八条　夫妻双方平等享有对未成年子女抚养、教育和保护的权利，共同承担对未成年子女抚养、教育和保护的义务。

第一千零五十九条　夫妻有相互扶养的义务。

需要扶养的一方，在另一方不履行扶养义务时，有要求其给付扶养费的权利。

第一千零六十条　夫妻一方因家庭日常生活需要而实施的民事法律行为，对夫妻双方发生效力，但是夫妻一方与相对人另有约定的除外。

夫妻之间对一方可以实施的民事法律行为范围的限制，不得对抗善意相对人。

第一千零六十一条　夫妻有相互继承遗产的权利。

第一千零六十二条　夫妻在婚姻关系存续期间所得的下列财产，为夫妻的共同财产，归夫妻共同所有：

（一）工资、奖金、劳务报酬；

（二）生产、经营、投资的收益；

（三）知识产权的收益；

（四）继承或者受赠的财产，但是本法第一千零六十三条第三项规定的除外；

（五）其他应当归共同所有的财产。

夫妻对共同财产，有平等的处理权。

第一千零六十三条 下列财产为夫妻一方的个人财产：

（一）一方的婚前财产；

（二）一方因受到人身损害获得的赔偿或者补偿；

（三）遗嘱或者赠与合同中确定只归一方的财产；

（四）一方专用的生活用品；

（五）其他应当归一方的财产。

第一千零六十四条 夫妻双方共同签名或者夫妻一方事后追认等共同意思表示所负的债务，以及夫妻一方在婚姻关系存续期间以个人名义为家庭日常生活需要所负的债务，属于夫妻共同债务。

夫妻一方在婚姻关系存续期间以个人名义超出家庭日常生活需要所负的债务，不属于夫妻共同债务；但是，债权人能够证明该债务用于夫妻共同生活、共同生产经营或者基于夫妻双方共同意思表示的除外。

第一千零六十五条 男女双方可以约定婚姻关系存续期间所得的财产以及婚前财产归各自所有、共同所有或者部分各自所有、部分共同所有。约定应当采用书面形式。没有约定或者约定不明确的，适用本法第一千零六十二条、第一千零六十三条的规定。

夫妻对婚姻关系存续期间所得的财产以及婚前财产的约定，对双方具有法律约束力。

夫妻对婚姻关系存续期间所得的财产约定归各自所有，夫或者妻一方对外所负的债务，相对人知道该约定的，以夫或者妻一方的个人财产清偿。

第一千零六十六条 婚姻关系存续期间，有下列情形之一的，夫妻一方可以向人民法院请求分割共同财产：

（一）一方有隐藏、转移、变卖、毁损、挥霍夫妻共同财产或者伪造夫妻共同债务等严重损害夫妻共同财产利益的行为；

（二）一方负有法定扶养义务的人患重大疾病需要医治，另一方不同意支付相关医疗费用。

第二节 父母子女关系和其他近亲属关系

第一千零六十七条 父母不履行抚养义务的，未成年子女或者不能独立生活的成年子女，有要求父母给付抚养费的权利。

成年子女不履行赡养义务的，缺乏劳动能力或者生活困难的父母，有要求成年子女给付赡养费的权利。

第一千零六十八条 父母有教育、保护未成年子女的权利和义务。未成年子女造成他人损害的，父母应当依法承担民事责任。

第一千零六十九条 子女应当尊重父母的婚姻权利，不得干涉父母离婚、再婚以及婚后的生活。子女对父母的赡养义务，不因父母的婚姻关系变化而终止。

第一千零七十条 父母和子女有相互继承遗产的权利。

第一千零七十一条 非婚生子女享有与婚生子女同等的权利，任何组织或者个人不得加以危害和歧视。

不直接抚养非婚生子女的生父或者生母，应当负担未成年子女或者不能独立生活的成年子女的抚养费。

第一千零七十二条 继父母与继子女间，不得虐待或者歧视。

继父或者继母和受其抚养教育的继子女间的权利义务关系，适用本法关于父母子女关系的规定。

第一千零七十三条 对亲子关系有异议且有正当理由的，父或者母可以向人民法院提起诉讼，请求确认或者否认亲子关系。

对亲子关系有异议且有正当理由的，成年子女可以向人民法院提起诉讼，请求确认亲子关系。

第一千零七十四条 有负担能力的祖父母、外祖父母，对于父母已经死亡或者父母无力抚养的未成年孙子女、外孙子女，有抚养的义务。

有负担能力的孙子女、外孙子女，对于子女已经死亡或者子女无力赡养的祖父母、外祖父母，有赡养的义务。

第一千零七十五条 有负担能力的兄、姐，对于父母已经死亡或者父母无力抚养的未成年弟、妹，有扶养的义务。

由兄、姐扶养长大的有负担能力的弟、妹，对于缺乏劳动能力又缺乏生活来源的兄、姐，有扶养的义务。

第四章 离　　婚

第一千零七十六条 夫妻双方自愿离婚的，应当签订书面离婚协议，并亲自到婚姻登记机关申请离婚登记。

离婚协议应当载明双方自愿离婚的意思表示和对子女抚养、财产以及债务处理等事项协商一致的意见。

第一千零七十七条 自婚姻登记机关收到离婚登记申请之日起三十日内，任何一方不愿意离婚的，可以向婚姻登记机关撤回离婚登记申请。

前款规定期限届满后三十日内，双方应当亲自到婚姻登记机关申请发给离婚证；未申请的，视为撤回离婚登记申请。

第一千零七十八条 婚姻登记机关查明双方确实是自愿离婚，并已经对子女抚养、财产以及债务处理等事项协商一致的，予以登记，发给离婚证。

第一千零七十九条 夫妻一方要求离婚的，可以由有关组织进行调解或者直接向人民法院提起离婚诉讼。

人民法院审理离婚案件，应当进行调解；如果感情确已破裂，调解无效的，应当准予离婚。

有下列情形之一，调解无效的，应当准予离婚：

（一）重婚或者与他人同居；

（二）实施家庭暴力或者虐待、遗弃家庭成员；

（三）有赌博、吸毒等恶习屡教不改；

（四）因感情不和分居满二年；

（五）其他导致夫妻感情破裂的情形。

一方被宣告失踪，另一方提起离婚诉讼的，应当准予离婚。

经人民法院判决不准离婚后，双方又分居满一年，一方再次提起离婚诉讼的，应当准予离婚。

第一千零八十条 完成离婚登记，或者离婚判决书、调解书生效，即解除婚姻关系。

第一千零八十一条 现役军人的配偶要求离婚，应当征得军人同意，但是军人一方有重大过错的除外。

第一千零八十二条 女方在怀孕期间、分娩后一年内或者终止妊娠后六个月内，男方不得提出离婚；但是，女方提出离婚或者人民法院认为确有必要受理男方离婚请求的除外。

第一千零八十三条 离婚后，男女双方自愿恢复婚姻关系的，应当到婚姻登记机关重新进行结婚登记。

第一千零八十四条 父母与子女间的关系，不因父母离婚而消除。离婚后，子女无论由父或者母直接抚养，仍是父母双方的子女。

离婚后，父母对于子女仍有抚养、教育、保护的权利和义务。

离婚后，不满两周岁的子女，以由母亲直接抚养为原则。已满两周岁的子女，父母双方对抚养问题协议不成的，由人民法院根据双方的具体情况，按照最有利于未成年子女的原则判决。子女已满八周岁的，应当尊重其真实意愿。

第一千零八十五条 离婚后，子女由一方直接抚养的，另一方应当负担部分或者全部抚养费。负担费用的多少和期限的长短，由双方协议；协议不成的，由人民法院判决。

前款规定的协议或者判决，不妨碍子女在必要时向父母任何一方提出超过协议或者判决原定数额的合理要求。

第一千零八十六条 离婚后，不直接抚养子女的父或者母，有探望子女的权利，另一方有协助的义务。

行使探望权利的方式、时间由当事人协议；协议不成的，由人民法院判决。

父或者母探望子女，不利于子女身心健康的，由人民法院依法中止探望；中止的事由消失后，应当恢复探望。

第一千零八十七条 离婚时，夫妻的共同财产由双方协议处理；协议不成的，由人民法院根据财产的具体情况，按照照顾子女、女方和无过错方权益的原则判决。

对夫或者妻在家庭土地承包经营中享有的权益等，应当依法予以保护。

第一千零八十八条 夫妻一方因抚育子女、照料老年人、协助另一方工作等负担较多义务的，离婚时有权向另一方请求补偿，另一方应当给予补偿。具体办法由双方协议；协议不成的，由人民法院判决。

第一千零八十九条 离婚时，夫妻共同债务应当共同偿还。共同财产不足清偿或者财产归各自所有的，由双方协议清偿；协议不成的，由人民法院判决。

第一千零九十条 离婚时，如果一方生活困难，有负担能力的另一方应当给予适当帮助。具体办法由双方协议；协议不成的，由人民法院判决。

第一千零九十一条 有下列情形之一，导致离婚的，无过错方有权请求损害赔偿：

（一）重婚；

（二）与他人同居；

（三）实施家庭暴力；

（四）虐待、遗弃家庭成员；

（五）有其他重大过错。

第一千零九十二条 夫妻一方隐藏、转移、变卖、毁损、挥霍夫妻共同财产，或者伪造夫妻共同债务企图侵占另一方财产的，在离婚分割夫妻共同财产时，对该方可以少分或者不分。离婚后，另一方发现有上述行为的，可以向人民法院提起诉讼，请求再次分割夫妻共同财产。

第五章 收 养

第一节 收养关系的成立

第一千零九十三条 下列未成年人，可以被收养：

（一）丧失父母的孤儿；

（二）查找不到生父母的未成年人；

（三）生父母有特殊困难无力抚养的子女。

第一千零九十四条 下列个人、组织可以作送养人：

（一）孤儿的监护人；

（二）儿童福利机构；

（三）有特殊困难无力抚养子女的生父母。

第一千零九十五条 未成年人的父母均不具备完全民事行为能力且可能严重危害该未成年人的，该未成年人的监护人可以将其送养。

第一千零九十六条 监护人送养孤儿的，应当征得有抚养义务的人同意。有抚养义务的人不同意送养、监护人不愿意继续履行监护职责的，应当依照本法第一编的规定另行确定监护人。

第一千零九十七条 生父母送养子女，应当双方共同送养。生父母一方不明或者查找不到的，可以单方送养。

第一千零九十八条 收养人应当同时具备下列条件：

（一）无子女或者只有一名子女；

（二）有抚养、教育和保护被收养人的能力；

（三）未患有在医学上认为不应当收养子女的疾病；

（四）无不利于被收养人健康成长的违法犯罪记录；

（五）年满三十周岁。

第一千零九十九条 收养三代以内旁系同辈血亲的子女，可以不受本法第一千零九十三条第三项、第一千零九十四条第三项和第一千一百零二条规定的限制。

华侨收养三代以内旁系同辈血亲的子女，还可以不受本法第一千零九十八条第一项规定的限制。

第一千一百条 无子女的收养人可以收养两名子女；有子女的收养人只能收养一名子女。

收养孤儿、残疾未成年人或者儿童福利机构抚养的查找不到生父母的未成年人，可以不受前款和本法第一千零九十八条第一项规定的限制。

第一千一百零一条 有配偶者收养子女，应当夫妻共同收养。

第一千一百零二条 无配偶者收养异性子女的，收养人与被收养人的年龄应当相差四十周岁以上。

第一千一百零三条 继父或者继母经继子女的生父母同意，可以收养继子女，并可以不受本法第一千零九十三条第三项、第一千零九十四条第三项、第一千零九十八条和第一千一百条第一款规定的限制。

第一千一百零四条 收养人收养与送养人送养，应当双方自愿。收养八周岁以上未成年人的，应当征得被收养人的同意。

第一千一百零五条 收养应当向县级以上人民政府民政部门登记。收养关系自登记之日起成立。

收养查找不到生父母的未成年人的，办理登记的民政部门应当在登记前予以公告。

收养关系当事人愿意签订收养协议的，可以签订收养协议。

收养关系当事人各方或者一方要求办理收养公证的，应当办理收养公证。

县级以上人民政府民政部门应当依法进行收养评估。

第一千一百零六条 收养关系成立后，公安机关应当按照国家有关规定为被收养人办理户口登记。

第一千一百零七条 孤儿或者生父母无力抚养的子女，可以由生父母的亲属、朋友抚养；抚养人与被抚养人的关系不适用本章规定。

第一千一百零八条 配偶一方死亡，另一方送养未成年子女的，死亡一方的父母有优先抚养的权利。

第一千一百零九条 外国人依法可以在中华人民共和国收养子女。

外国人在中华人民共和国收养子女，应当经其所在国主管机关依照该国法律审查同意。收养人应当提供由其所在国有权机构出具的有关其年龄、婚姻、职业、财产、健康、有无受过刑事处罚等状况的证明材料，并与送养人签订书面协议，亲自向省、自治区、直辖市人民政府民政部门登记。

前款规定的证明材料应当经收养人所在国外交机关或者外交机关授权的机构认证，并经中华人民共和国驻该国使领馆认证，但是国家另有规定的除外。

第一千一百一十条 收养人、送养人要求保守收养秘密的，其他人应当尊重其意愿，不得泄露。

第二节　收养的效力

第一千一百一十一条　自收养关系成立之日起，养父母与养子女间的权利义务关系，适用本法关于父母子女关系的规定；养子女与养父母的近亲属间的权利义务关系，适用本法关于子女与父母的近亲属关系的规定。

养子女与生父母以及其他近亲属间的权利义务关系，因收养关系的成立而消除。

第一千一百一十二条　养子女可以随养父或者养母的姓氏，经当事人协商一致，也可以保留原姓氏。

第一千一百一十三条　有本法第一编关于民事法律行为无效规定情形或者违反本编规定的收养行为无效。

无效的收养行为自始没有法律约束力。

第三节　收养关系的解除

第一千一百一十四条　收养人在被收养人成年以前，不得解除收养关系，但是收养人、送养人双方协议解除的除外。养子女八周岁以上的，应当征得本人同意。

收养人不履行抚养义务，有虐待、遗弃等侵害未成年养子女合法权益行为的，送养人有权要求解除养父母与养子女间的收养关系。送养人、收养人不能达成解除收养关系协议的，可以向人民法院提起诉讼。

第一千一百一十五条　养父母与成年养子女关系恶化、无法共同生活的，可以协议解除收养关系。不能达成协议的，可以向人民法院提起诉讼。

第一千一百一十六条　当事人协议解除收养关系的，应当到民政部门办理解除收养关系登记。

第一千一百一十七条　收养关系解除后，养子女与养父母以及其他近亲属间的权利义务关系即行消除，与生父母以及其他近亲属间的权利义务关系自行恢复。但是，成年养子女与生父母以及其他近亲属间的权利义务关系是否恢复，可以协商确定。

第一千一百一十八条 收养关系解除后，经养父母抚养的成年养子女，对缺乏劳动能力又缺乏生活来源的养父母，应当给付生活费。因养子女成年后虐待、遗弃养父母而解除收养关系的，养父母可以要求养子女补偿收养期间支出的抚养费。

生父母要求解除收养关系的，养父母可以要求生父母适当补偿收养期间支出的抚养费；但是，因养父母虐待、遗弃养子女而解除收养关系的除外。

……

女职工劳动保护特别规定

（2012年4月18日国务院第200次常务会议通过 2012年4月28日中华人民共和国国务院令第619号公布 自公布之日起施行）

第一条 为了减少和解决女职工在劳动中因生理特点造成的特殊困难，保护女职工健康，制定本规定。

第二条 中华人民共和国境内的国家机关、企业、事业单位、社会团体、个体经济组织以及其他社会组织等用人单位及其女职工，适用本规定。

第三条 用人单位应当加强女职工劳动保护，采取措施改善女职工劳动安全卫生条件，对女职工进行劳动安全卫生知识培训。

第四条 用人单位应当遵守女职工禁忌从事的劳动范围的规定。用人单位应当将本单位属于女职工禁忌从事的劳动范围的岗位书面告知女职工。

女职工禁忌从事的劳动范围由本规定附录列示。国务院安全生产监督管理部门会同国务院人力资源社会保障行政部门、国务院卫生行政部门根据经济社会发展情况，对女职工禁忌从事的劳动范围进行调整。

第五条 用人单位不得因女职工怀孕、生育、哺乳降低其工资、予以辞退、与其解除劳动或者聘用合同。

第六条 女职工在孕期不能适应原劳动的，用人单位应当根据医疗机构的证明，予以减轻劳动量或者安排其他能够适应的劳动。

对怀孕 7 个月以上的女职工，用人单位不得延长劳动时间或者安排夜班劳动，并应当在劳动时间内安排一定的休息时间。

怀孕女职工在劳动时间内进行产前检查，所需时间计入劳动时间。

第七条 女职工生育享受 98 天产假，其中产前可以休假 15 天；难产的，增加产假 15 天；生育多胞胎的，每多生育 1 个婴儿，增加产假 15 天。

女职工怀孕未满 4 个月流产的，享受 15 天产假；怀孕满 4 个月流产的，享受 42 天产假。

第八条 女职工产假期间的生育津贴，对已经参加生育保险的，按照用人单位上年度职工月平均工资的标准由生育保险基金支付；对未参加生育保险的，按照女职工产假前工资的标准由用人单位支付。

女职工生育或者流产的医疗费用，按照生育保险规定的项目和标准，对已经参加生育保险的，由生育保险基金支付；对未参加生育保险的，由用人单位支付。

第九条 对哺乳未满 1 周岁婴儿的女职工，用人单位不得延长劳动时间或者安排夜班劳动。

用人单位应当在每天的劳动时间内为哺乳期女职工安排 1 小时哺乳时间；女职工生育多胞胎的，每多哺乳 1 个婴儿每天增加 1 小时哺乳时间。

第十条 女职工比较多的用人单位应当根据女职工的需要，建立女职工卫生室、孕妇休息室、哺乳室等设施，妥善解决女职工在生理卫生、哺乳方面的困难。

第十一条 在劳动场所，用人单位应当预防和制止对女职工的性骚扰。

第十二条 县级以上人民政府人力资源社会保障行政部门、安全生产监督管理部门按照各自职责负责对用人单位遵守本规定的情况进行监督检查。

工会、妇女组织依法对用人单位遵守本规定的情况进行监督。

第十三条 用人单位违反本规定第六条第二款、第七条、第九条第一款规定的，由县级以上人民政府人力资源社会保障行政部门责令限期改正，按照受侵害女职工每人 1000 元以上 5000 元以下的标准计算，处以罚款。

用人单位违反本规定附录第一条、第二条规定的，由县级以上人民政府安全生产监督管理部门责令限期改正，按照受侵害女职工每人 1000 元以上 5000 元以下的标准计算，处以罚款。用人单位违反本规定附录第三条、第四条规定的，由县级以上人民政府安全生产监督管理部门责令限期治理，处 5 万元以上 30 万元以下的罚款；情节严重的，责令停止有关作业，或者提请有关人民政府按照国务院规定的权限责令关闭。

第十四条 用人单位违反本规定，侵害女职工合法权益的，女职工可以依法投诉、举报、申诉，依法向劳动人事争议调解仲裁机构申请调解仲裁，对仲裁裁决不服的，依法向人民法院提起诉讼。

第十五条 用人单位违反本规定，侵害女职工合法权益，造成女职工损害的，依法给予赔偿；用人单位及其直接负责的主管人员和其他直接责任人员构成犯罪的，依法追究刑事责任。

第十六条 本规定自公布之日起施行。1988 年 7 月 21 日国务院发布的《女职工劳动保护规定》同时废止。

附录：

女职工禁忌从事的劳动范围

一、女职工禁忌从事的劳动范围：

（一）矿山井下作业；

（二）体力劳动强度分级标准中规定的第四级体力劳动强度的作业；

（三）每小时负重 6 次以上、每次负重超过 20 公斤的作业，或者间断负重、每次负重超过 25 公斤的作业。

二、女职工在经期禁忌从事的劳动范围：

（一）冷水作业分级标准中规定的第二级、第三级、第四级冷水作业；

（二）低温作业分级标准中规定的第二级、第三级、第四级低温作业；

（三）体力劳动强度分级标准中规定的第三级、第四级体力劳动强度的作业；

（四）高处作业分级标准中规定的第三级、第四级高处作业。

三、女职工在孕期禁忌从事的劳动范围：

（一）作业场所空气中铅及其化合物、汞及其化合物、苯、镉、铍、砷、氰化物、氮氧化物、一氧化碳、二硫化碳、氯、己内酰胺、氯丁二烯、氯乙烯、环氧乙烷、苯胺、甲醛等有毒物质浓度超过国家职业卫生标准的作业；

（二）从事抗癌药物、己烯雌酚生产，接触麻醉剂气体等的作业；

（三）非密封源放射性物质的操作，核事故与放射事故的应急处置；

（四）高处作业分级标准中规定的高处作业；

（五）冷水作业分级标准中规定的冷水作业；

（六）低温作业分级标准中规定的低温作业；

（七）高温作业分级标准中规定的第三级、第四级的作业；

（八）噪声作业分级标准中规定的第三级、第四级的作业；

（九）体力劳动强度分级标准中规定的第三级、第四级体力劳动强度的作业；

（十）在密闭空间、高压室作业或者潜水作业，伴有强烈振动的作业，或者需要频繁弯腰、攀高、下蹲的作业。

四、女职工在哺乳期禁忌从事的劳动范围：

（一）孕期禁忌从事的劳动范围的第一项、第三项、第九项；

（二）作业场所空气中锰、氟、溴、甲醇、有机磷化合物、有机氯化合物等有毒物质浓度超过国家职业卫生标准的作业。

中华人民共和国反家庭暴力法

（2015年12月27日第十二届全国人民代表大会常务委员会第十八次会议通过　2015年12月27日中华人民共和国主席令第37号公布　自2016年3月1日起施行）

第一章　总　　则

第一条　为了预防和制止家庭暴力，保护家庭成员的合法权益，维护平等、和睦、文明的家庭关系，促进家庭和谐、社会稳定，制定本法。

第二条　本法所称家庭暴力，是指家庭成员之间以殴打、捆绑、残害、限制人身自由以及经常性谩骂、恐吓等方式实施的身体、精神等侵害行为。

第三条　家庭成员之间应当互相帮助，互相关爱，和睦相处，履行家庭义务。

反家庭暴力是国家、社会和每个家庭的共同责任。

国家禁止任何形式的家庭暴力。

第四条　县级以上人民政府负责妇女儿童工作的机构，负责组织、协调、指导、督促有关部门做好反家庭暴力工作。

县级以上人民政府有关部门、司法机关、人民团体、社会组织、居民委员会、村民委员会、企业事业单位，应当依照本法和有关法律规定，做好反家庭暴力工作。

各级人民政府应当对反家庭暴力工作给予必要的经费保障。

第五条　反家庭暴力工作遵循预防为主，教育、矫治与惩处相结合原则。

反家庭暴力工作应当尊重受害人真实意愿，保护当事人隐私。

未成年人、老年人、残疾人、孕期和哺乳期的妇女、重病患者遭受家庭暴力的，应当给予特殊保护。

第二章　家庭暴力的预防

第六条　国家开展家庭美德宣传教育，普及反家庭暴力知识，增强公民反家庭暴力意识。

工会、共产主义青年团、妇女联合会、残疾人联合会应当在各自工作范围内，组织开展家庭美德和反家庭暴力宣传教育。

广播、电视、报刊、网络等应当开展家庭美德和反家庭暴力宣传。

学校、幼儿园应当开展家庭美德和反家庭暴力教育。

第七条　县级以上人民政府有关部门、司法机关、妇女联合会应当将预防和制止家庭暴力纳入业务培训和统计工作。

医疗机构应当做好家庭暴力受害人的诊疗记录。

第八条　乡镇人民政府、街道办事处应当组织开展家庭暴力预防工作，居民委员会、村民委员会、社会工作服务机构应当予以配合协助。

第九条　各级人民政府应当支持社会工作服务机构等社会组织开展心理健康咨询、家庭关系指导、家庭暴力预防知识教育等服务。

第十条　人民调解组织应当依法调解家庭纠纷，预防和减少家庭暴力的发生。

第十一条　用人单位发现本单位人员有家庭暴力情况的，应当给予批评教育，并做好家庭矛盾的调解、化解工作。

第十二条　未成年人的监护人应当以文明的方式进行家庭教育，依法履行监护和教育职责，不得实施家庭暴力。

第三章　家庭暴力的处置

第十三条　家庭暴力受害人及其法定代理人、近亲属可以向加害人或者受害人所在单位、居民委员会、村民委员会、妇女联合会等单位投诉、反映或者求助。有关单位接到家庭暴力投诉、反映或者求助后，应当给予帮助、处理。

家庭暴力受害人及其法定代理人、近亲属也可以向公安机关报案或者依法向人民法院起诉。

单位、个人发现正在发生的家庭暴力行为，有权及时劝阻。

第十四条　学校、幼儿园、医疗机构、居民委员会、村民委员会、社会工作服务机构、救助管理机构、福利机构及其工作人员在工作中发现无民事行为能力人、限制民事行为能力人遭受或者疑似遭受家庭暴力的，应当及时向公安机关报案。公安机关应当对报案人的信息予以保密。

第十五条　公安机关接到家庭暴力报案后应当及时出警，制止家庭暴力，按照有关规定调查取证，协助受害人就医、鉴定伤情。

无民事行为能力人、限制民事行为能力人因家庭暴力身体受到严重伤害、面临人身安全威胁或者处于无人照料等危险状态的，公安机关应当通知并协助民政部门将其安置到临时庇护场所、救助管理机构或者福利机构。

第十六条　家庭暴力情节较轻，依法不给予治安管理处罚的，由公安机关对加害人给予批评教育或者出具告诫书。

告诫书应当包括加害人的身份信息、家庭暴力的事实陈述、禁止加害人实施家庭暴力等内容。

第十七条　公安机关应当将告诫书送交加害人、受害人，并通知居民委员会、村民委员会。

居民委员会、村民委员会、公安派出所应当对收到告诫书的加害人、受害人进行查访，监督加害人不再实施家庭暴力。

第十八条 县级或者设区的市级人民政府可以单独或者依托救助管理机构设立临时庇护场所，为家庭暴力受害人提供临时生活帮助。

第十九条 法律援助机构应当依法为家庭暴力受害人提供法律援助。

人民法院应当依法对家庭暴力受害人缓收、减收或者免收诉讼费用。

第二十条 人民法院审理涉及家庭暴力的案件，可以根据公安机关出警记录、告诫书、伤情鉴定意见等证据，认定家庭暴力事实。

第二十一条 监护人实施家庭暴力严重侵害被监护人合法权益的，人民法院可以根据被监护人的近亲属、居民委员会、村民委员会、县级人民政府民政部门等有关人员或者单位的申请，依法撤销其监护人资格，另行指定监护人。

被撤销监护人资格的加害人，应当继续负担相应的赡养、扶养、抚养费用。

第二十二条 工会、共产主义青年团、妇女联合会、残疾人联合会、居民委员会、村民委员会等应当对实施家庭暴力的加害人进行法治教育，必要时可以对加害人、受害人进行心理辅导。

第四章 人身安全保护令

第二十三条 当事人因遭受家庭暴力或者面临家庭暴力的现实危险，向人民法院申请人身安全保护令的，人民法院应当受理。

当事人是无民事行为能力人、限制民事行为能力人，或者因受到强制、威吓等原因无法申请人身安全保护令的，其近亲属、公安机关、妇女联合会、居民委员会、村民委员会、救助管理机构可以代为申请。

第二十四条 申请人身安全保护令应当以书面方式提出；书面申请确有困难的，可以口头申请，由人民法院记入笔录。

第二十五条 人身安全保护令案件由申请人或者被申请人居住地、家庭暴力发生地的基层人民法院管辖。

第二十六条 人身安全保护令由人民法院以裁定形式作出。

第二十七条 作出人身安全保护令，应当具备下列条件：

（一）有明确的被申请人；

（二）有具体的请求；

（三）有遭受家庭暴力或者面临家庭暴力现实危险的情形。

第二十八条 人民法院受理申请后，应当在七十二小时内作出人身安全保护令或者驳回申请；情况紧急的，应当在二十四小时内作出。

第二十九条 人身安全保护令可以包括下列措施：

（一）禁止被申请人实施家庭暴力；

（二）禁止被申请人骚扰、跟踪、接触申请人及其相关近亲属；

（三）责令被申请人迁出申请人住所；

（四）保护申请人人身安全的其他措施。

第三十条 人身安全保护令的有效期不超过六个月，自作出之日起生效。人身安全保护令失效前，人民法院可以根据申请人的申请撤销、变更或者延长。

第三十一条 申请人对驳回申请不服或者被申请人对人身安全保护令不服的，可以自裁定生效之日起五日内向作出裁定的人民法院申请复议一次。人民法院依法作出人身安全保护令的，复议期间不停止人身安全保护令的执行。

第三十二条 人民法院作出人身安全保护令后，应当送达申请人、被申请人、公安机关以及居民委员会、村民委员会等有关组织。人身安全保护令由人民法院执行，公安机关以及居民委员会、村民委员会等应当协助执行。

第五章　法律责任

第三十三条　加害人实施家庭暴力，构成违反治安管理行为的，依法给予治安管理处罚；构成犯罪的，依法追究刑事责任。

第三十四条　被申请人违反人身安全保护令，构成犯罪的，依法追究刑事责任；尚不构成犯罪的，人民法院应当给予训诫，可以根据情节轻重处以一千元以下罚款、十五日以下拘留。

第三十五条　学校、幼儿园、医疗机构、居民委员会、村民委员会、社会工作服务机构、救助管理机构、福利机构及其工作人员未依照本法第十四条规定向公安机关报案，造成严重后果的，由上级主管部门或者本单位对直接负责的主管人员和其他直接责任人员依法给予处分。

第三十六条　负有反家庭暴力职责的国家工作人员玩忽职守、滥用职权、徇私舞弊的，依法给予处分；构成犯罪的，依法追究刑事责任。

第六章　附　　则

第三十七条　家庭成员以外共同生活的人之间实施的暴力行为，参照本法规定执行。

第三十八条　本法自 2016 年 3 月 1 日起施行。

附录二　诉讼文书

一、诉讼费用

申请书（申请缓交、减交或者免交诉讼费用）

申请书

申请人：×××，男/女，××××年××月××日出生，×族，……（写明工作单位和职务或者职业），住……。联系方式：……。

法定代理人/指定代理人：×××，……。

委托诉讼代理人：×××，……。

（以上写明申请人和其他诉讼参加人的姓名或者名称等基本信息）

请求事项：

缓交/减交/免交诉讼费用……元。

事实和理由：

……（写明案件当事人和案由）一案，……（写明申请缓交/减交/免交诉讼费用的事实和理由）

此致

××××人民法院

申请人（签名或者公章）

××××年××月××日

【说　明】

1. 本样式根据《中华人民共和国民事诉讼法》第一百二十一条第二款以及《诉讼费用交纳办法》第四十四条至第五十一条制定，供交纳诉讼费用确有困难的当事人申请向人民法院缓交、减交或者免交诉讼费用。

2. 诉讼费用的免交只适用于自然人。

3. 当事人申请司法救助，应当在起诉或者上诉时提交书面申请、足以证明其确有经济困难的证明材料以及其他相关证明材料。因生活困难或者追索基本生活费用申请免交、减交诉讼费用的，还应当提供本人及其家庭经济状况符合当地民政、劳动保障等部门规定的公民经济困难标准的证明。

【法律依据】

1. **《中华人民共和国民事诉讼法》**（2021年12月24日）

第一百二十一条第二款　当事人交纳诉讼费用确有困难的，可以按照规定向人民法院申请缓交、减交或者免交。

2. **《诉讼费用交纳办法》**（2006年12月19日）

第四十四条　当事人交纳诉讼费用确有困难的，可以依照本办法向人民法院申请缓交、减交或者免交诉讼费用的司法救助。

诉讼费用的免交只适用于自然人。

第四十五条　当事人申请司法救助，符合下列情形之一的，人民法院应当准予免交诉讼费用：

（一）残疾人无固定生活来源的；

（二）追索赡养费、扶养费、抚育费、抚恤金的；

（三）最低生活保障对象、农村特困定期救济对象、农村五保供养对象或者领取失业保险金人员，无其他收入的；

（四）因见义勇为或者为保护社会公共利益致使自身合法权

益受到损害，本人或者其近亲属请求赔偿或者补偿的；

（五）确实需要免交的其他情形。

第四十六条 当事人申请司法救助，符合下列情形之一的，人民法院应当准予减交诉讼费用：

（一）因自然灾害等不可抗力造成生活困难，正在接受社会救济，或者家庭生产经营难以为继的；

（二）属于国家规定的优抚、安置对象的；

（三）社会福利机构和救助管理站；

（四）确实需要减交的其他情形。

人民法院准予减交诉讼费用的，减交比例不得低于30%。

第四十七条 当事人申请司法救助，符合下列情形之一的，人民法院应当准予缓交诉讼费用：

（一）追索社会保险金、经济补偿金的；

（二）海上事故、交通事故、医疗事故、工伤事故、产品质量事故或者其他人身伤害事故的受害人请求赔偿的；

（三）正在接受有关部门法律援助的；

（四）确实需要缓交的其他情形。

第四十八条 当事人申请司法救助，应当在起诉或者上诉时提交书面申请、足以证明其确有经济困难的证明材料以及其他相关证明材料。

因生活困难或者追索基本生活费用申请免交、减交诉讼费用的，还应当提供本人及其家庭经济状况符合当地民政、劳动保障等部门规定的公民经济困难标准的证明。

人民法院对当事人的司法救助申请不予批准的，应当向当事人书面说明理由。

第四十九条 当事人申请缓交诉讼费用经审查符合本办法第四十七条规定的，人民法院应当在决定立案之前作出准予缓交的决定。

第五十条 人民法院对一方当事人提供司法救助，对方当事人败诉的，诉讼费用由对方当事人负担；对方当事人胜诉的，可以视申请司法救助的当事人的经济状况决定其减交、免交诉讼费用。

第五十一条 人民法院准予当事人减交、免交诉讼费用的，应当在法律文书中载明。

二、第一审程序

1. 民事起诉状（公民提起民事诉讼用）

民事起诉状

原告：×××，男/女，××××年××月××日生，×族，……（写明工作单位和职务或职业），住……。联系方式：……。

法定代理人/指定代理人：×××，……。

委托诉讼代理人：×××，……。

被告：×××，……。

……

（以上写明当事人和其他诉讼参加人的姓名或者名称等基本信息）

诉讼请求：

……

事实和理由：

……

证据和证据来源，证人姓名和住所：

……

此致

××××人民法院

附：本起诉状副本×份

起诉人（签名）

××××年××月××日

【说　明】

1. 本样式根据《中华人民共和国民事诉讼法》第一百二十三条第一款、第一百二十四条制定，供公民提起民事诉讼用。

2. 起诉应当向人民法院递交起诉状，并按照被告人数提出副本。

3. 原告应当写明姓名、性别、出生日期、民族、职业、工作单位、住所、联系方式。原告是无民事行为能力或者限制民事行为能力人的，应当写明法定代理人姓名、性别、出生日期、民族、职业、工作单位、住所、联系方式，在诉讼地位后括注与原告的关系。

4. 起诉时已经委托诉讼代理人的，应当写明委托诉讼代理人基本信息。

5. 被告是自然人的，应当写明姓名、性别、工作单位、住所等信息；被告是法人或者其他组织的，应当写明名称、住所等信息。

6. 原告在起诉状中直接列写第三人的，视为其申请人民法院追加该第三人参加诉讼。是否通知第三人参加诉讼，由人民法院审查决定。

7. 起诉状应当由本人签名。

【法律依据】

《中华人民共和国民事诉讼法》（2021年12月24日）

第一百二十三条第一款　起诉应当向人民法院递交起诉状，

并按照被告人数提出副本。

第一百二十四条 起诉状应当记明下列事项：

（一）原告的姓名、性别、年龄、民族、职业、工作单位、住所、联系方式，法人或者其他组织的名称、住所和法定代表人或者主要负责人的姓名、职务、联系方式；

（二）被告的姓名、性别、工作单位、住所等信息，法人或者其他组织的名称、住所等信息；

（三）诉讼请求和所根据的事实与理由；

（四）证据和证据来源，证人姓名和住所。

2. **民事反诉状**（公民提起民事反诉用）

民事反诉状

反诉原告（本诉被告）：×××，男/女，××××年××月××日生，×族，……（写明工作单位和职务或职业），住……。联系方式：……。

法定代理人/指定代理人：×××，……。

委托诉讼代理人：×××，……。

反诉被告（本诉原告）：×××，……。

……

（以上写明当事人和其他诉讼参加人的姓名或者名称等基本信息）

反诉请求：

……

事实和理由：

……

证据和证据来源，证人姓名和住所：

……

此致

××××人民法院

附：本反诉状副本×份

反诉人（签名）

××××年××月××日

【说　明】

1. 本样式根据《中华人民共和国民事诉讼法》第五十四条、第一百二十三条第一款、第一百二十四条制定，供公民提起民事反诉用。

2. 反诉应当向人民法院递交反诉状，并按照被反诉人数提出副本。

3. 反诉原告应当写明姓名、性别、出生日期、民族、职业、工作单位、住所、联系方式。反诉原告是无民事行为能力或者限制民事行为能力人的，应当写明法定代理人姓名、性别、出生日期、民族、职业、工作单位、住所、联系方式，在诉讼地位后括注与原告的关系。

4. 反诉时已经委托诉讼代理人的，应当写明委托诉讼代理人基本信息。

5. 被反诉被告是自然人的，应当写明姓名、性别、工作单位、住所等信息；反诉被告是法人或者其他组织的，应当写明名称、住所等信息。

6. 反诉状应当由本人签名。

【法律依据】

《中华人民共和国民事诉讼法》（2021 年 12 月 24 日）

第五十四条　原告可以放弃或者变更诉讼请求。被告可以承认或者反驳诉讼请求，有权提起反诉。

第一百二十三条第一款　起诉应当向人民法院递交起诉状，并按照被告人数提出副本。

第一百二十四条　起诉状应当记明下列事项：

（一）原告的姓名、性别、年龄、民族、职业、工作单位、住所、联系方式，法人或者其他组织的名称、住所和法定代表人或者主要负责人的姓名、职务、联系方式；

（二）被告的姓名、性别、工作单位、住所等信息，法人或者其他组织的名称、住所等信息；

（三）诉讼请求和所根据的事实与理由；

（四）证据和证据来源，证人姓名和住所。

3. **民事答辩状**（公民对民事起诉提出答辩用）

民事答辩状

答辩人：×××，男/女，××××年××月××日生，×族，……（写明工作单位和职务或职 ……。联系方式：……。

法定代理人/指定代理 。

委托诉讼代理人：×

（以上写明答辩人 人的姓名或者名称等基本信息）

对××××人民法 民初……号……（写明当事人和案由）一案 ：

……（写明

证据和证 名和住所：

……

此致

××××人

 本×份

答辩人（签名）

××××年××月××日

附录二

【说　明】

1. 本样式根据《中华人民共和国民事诉讼法》第一百二十八条制定，供公民对民事起诉提出答辩用。

2. 被告应当在收到起诉状副本之日起十五日内提出答辩状。被告在中华人民共和国领域内没有住所的，应当在收到起诉状副本后三十日内提出答辩状。被告申请延期答辩的，是否准许，由人民法院决定。

3. 答辩状应当记明被告的姓名、性别、出生日期、民族、工作单位、职业、住所、联系方式。

4. 答辩时已经委托诉讼代理人的，应当写明委托诉讼代理人基本信息。

5. 答辩状应当由本人签名。

【法律依据】

《中华人民共和国民事诉讼法》（2021 年 12 月 24 日）

第一百二十八条　人民法院应当在立案之日起五日内将起诉状副本发送被告，被告应当在收到之日起十五日内提出答辩状。答辩状应当记明被告的姓名、性别、年龄、民族、职业、工作单位、住所、联系方式；法人或者其他组织的名称、住所和法定代表人或者主要负责人的姓名、职务、联系方式。人民法院应当在收到答辩状之日起五日内将答辩状副本发送原告。

被告不提出答辩状的，不影响人民法院审理。

三、第二审程序

民事上诉状（当事人提起上诉用）

民事上诉状

上诉人（原审诉讼地位）：×××，男/女，××××年××月××日出生，×族，……（写明工作单位和职务或者职业），住……。联系方式：……。

法定代理人/指定代理人：×××，……。

委托诉讼代理人：×××，……。

被上诉人（原审诉讼地位）×××，……。

……

（以上写明当事人和其他诉讼参加人的姓名或者名称等基本信息）

×××因与×××……（写明案由）一案，不服××××人民法院××××年××月××日作出的（××××）……号民事判决/裁定，现提起上诉。

上诉请求：

……

上诉理由：

……

此致

××××人民法院

附：本上诉状副本×份

上诉人（签名或者盖章）

××××年××月××日

【说　明】

1. 本样式根据《中华人民共和国民事诉讼法》第一百七十一条、第一百七十二条、第一百七十三条、第二百七十六条制定，供不服第一审人民法院民事判决或者裁定的当事人，向上一级人民法院提起上诉用。

2. 当事人是法人或者其他组织的，写明名称住所。另起一行写明法定代表人、主要负责人及其姓名、职务、联系方式。

3. 当事人不服地方人民法院第一审判决的，有权在判决书送达之日起十五日内向上一级人民法院提起上诉。当事人不服地方人民法院第一审裁定的，有权在裁定书送达之日起十日内向上一级人民法院提起上诉。在中华人民共和国领域内没有住所的当事人，不服第一审人民法院判决、裁定的，有权在判决书、裁定书送达之日起三十日内提起上诉。

4. 上诉状的内容，应当包括当事人的姓名，法人的名称及其法定代表人的姓名或者其他组织的名称及其主要负责人的姓名；原审人民法院名称、案件的编号和案由；上诉的请求和理由。

5. 上诉状应当通过原审人民法院提出，并按照对方当事人或者代表人的人数提出副本。

6. 有新证据的，应当在上诉理由之后写明证据和证据来源，证人姓名和住所。

【法律依据】

《中华人民共和国民事诉讼法》（2021年12月24日）

第一百七十一条 当事人不服地方人民法院第一审判决的，有权在判决书送达之日起十五日内向上一级人民法院提起上诉。

当事人不服地方人民法院第一审裁定的，有权在裁定书送达之日起十日内向上一级人民法院提起上诉。

第一百七十二条 上诉应当递交上诉状。上诉状的内容，应当包括当事人的姓名，法人的名称及其法定代表人的姓名或者其他组织的名称及其主要负责人的姓名；原审人民法院名称、案件的编号和案由；上诉的请求和理由。

第一百七十三条 上诉状应当通过原审人民法院提出，并按照对方当事人或者代表人的人数提出副本。

当事人直接向第二审人民法院上诉的，第二审人民法院应当在五日内将上诉状移交原审人民法院。

第二百七十六条 在中华人民共和国领域内没有住所的当事人，不服第一审人民法院判决、裁定的，有权在判决书、裁定书送达之日起三十日内提起上诉。被上诉人在收到上诉状副本后，应当在三十日内提出答辩状。当事人不能在法定期间提起上诉或者提出答辩状，申请延期的，是否准许，由人民法院决定。

四、人身安全保护令案件

1. 申请书（申请人身安全保护令用）

申请书

申请人：×××，男/女，××××年××月××日出生，×族，……（写明工作单位和职务或者职业），住……。联系方式：……。

法定代理人/指定代理人：×××，……。

委托诉讼代理人：×××，……。

被申请人：×××，……。

……

（以上写明当事人和其他诉讼参加人的姓名或者名称等基本信息）

请求事项：

……（写明保护申请人人身安全的措施）。

事实和理由：

……（写明有遭受家庭暴力或者面临家庭暴力现实危险的情形以及其他事实和理由）。

此致

××××人民法院

申请人（签名或者盖章）

××××年××月××日

【说　明】

1. 本样式根据《中华人民共和国反家庭暴力法》第二十三条、第二十四条、第二十五条、第二十七条制定，供当事人或者其近亲属、相关单位向申请人或者被申请人居住地、家庭暴力发生地的基层人民法院申请人身安全保护令用。

2. 当事人因遭受家庭暴力或者面临家庭暴力的现实危险，可以向人民法院申请人身安全保护令。当事人是无民事行为能力人、限制民事行为能力人，或者因受到强制、威吓等原因无法申请人身安全保护令的，其近亲属、公安机关、妇女联合会、居民委员会、村民委员会、救助管理机构可以代为申请。

3. 申请人身安全保护令应当以书面方式提出；书面申请确有困难的，可以口头申请，由人民法院记入笔录。

4. 本申请书的请求事项可以写明以下人身安全保护令措施：（一）禁止被申请人实施家庭暴力；（二）禁止被申请人骚扰、跟踪、接触申请人和其相关近亲属；（三）责令被申请人迁出申请人住所；（四）保护申请人人身安全的其他措施。

【法律依据】

《中华人民共和国反家庭暴力法》（2015年12月27日）

第二十三条　当事人因遭受家庭暴力或者面临家庭暴力的现实危险，向人民法院申请人身安全保护令的，人民法院应当受理。

当事人是无民事行为能力人、限制民事行为能力人，或者因受到强制、威吓等原因无法申请人身安全保护令的，其近亲属、公安机关、妇女联合会、居民委员会、村民委员会、救助管理机构可以代为申请。

第二十四条　申请人身安全保护令应当以书面方式提出；书

面申请确有困难的，可以口头申请，由人民法院记入笔录。

第二十五条 人身安全保护令案件由申请人或者被申请人居住地、家庭暴力发生地的基层人民法院管辖。

第二十七条 作出人身安全保护令，应当具备下列条件：

（一）有明确的被申请人；

（二）有具体的请求；

（三）有遭受家庭暴力或者面临家庭暴力现实危险的情形。

2. **复议申请书**（申请人对驳回人身安全保护令申请复议用）

复议申请书

复议申请人：×××，男/女，××××年××月××日出生，×族，……（写明工作单位和职务或者职业），住……。联系方式：……。

法定代理人/指定代理人：×××，……。

委托诉讼代理人：×××，……。

被申请人：×××，……。

……

（以上写明当事人和其他诉讼参加人的姓名或者名称等基本信息）

请求事项：

1. 撤销你院（××××）……民保令……号驳回申请民事裁定；

2. ……（写明保护申请人人身安全的措施）。

事实和理由：

复议申请人×××与被申请人×××申请人身安全保护令一案，不服你院××××年××月××日作出（××××）……民保令……号驳回申请裁定，申请复议。

……（写明申请复议的事实和理由）。

此致

××××人民法院

附：××××人民法院（××××）……民保令……号民事裁定书

复议申请人（签名或者盖章）

××××年××月××日

【说　明】

1. 本样式根据《中华人民共和国反家庭暴力法》第三十一条制定，供对驳回人身安全保护令申请的裁定不服的申请人，向作出裁定的人民法院申请复议用。

2. 申请人对驳回人身安全保护令申请不服的，可以自裁定生效之日起五日内向作出裁定的人民法院申请复议一次。

3. 本申请书的请求事项应当写明撤销驳回申请的原裁定，并写明申请采取以下人身安全保护令措施：（一）禁止被申请人实施家庭暴力；（二）禁止被申请人骚扰、跟踪、接触申请人和其相关近亲属；（三）责令被申请人迁出申请人住所；（四）保护申请人人身安全的其他措施。

【法律依据】

《中华人民共和国反家庭暴力法》（2015 年 12 月 27 日）

第三十一条　申请人对驳回申请不服或者被申请人对人身安全保护令不服的，可以自裁定生效之日起五日内向作出裁定的人民法院申请复议一次。人民法院依法作出人身安全保护令的，复议期间不停止人身安全保护令的执行。

3. **复议申请书**（被申请人对作出人身安全保护令申请复议用）

复议申请书

复议申请人：×××，男/女，××××年××月××日出生，×族，……（写明工作单位和职务或者职业），住……。联系方式：……。

法定代理人/指定代理人：×××，……。

委托诉讼代理人：×××，……。

被申请人：×××，……。

……

（以上写明当事人和其他诉讼参加人的姓名或者名称等基本信息）

请求事项：

撤销你院（××××）……民保令……号人身安全保护令民事裁定。

事实和理由：

复议申请人×××因与×××申请人身安全保护令一案，不服你院于××××年××月××日作出（××××）……民保令……号人身安全保护令裁定：……（写明裁定结果）。申请复议。

……（写明申请复议的事实和理由）。

此致

××××人民法院

附：××××人民法院（××××）……民保令……号民事裁定书

复议申请人（签名或者盖章）

××××年××月××日

【说　明】

1. 本样式根据《中华人民共和国反家庭暴力法》第三十一条制定，供对作出人身安全保护令裁定不服的被申请人，向作出裁定的人民法院申请复议用。

2. 被申请人对人身安全保护令不服的，可以自裁定生效之日起五日内向作出裁定的人民法院申请复议一次。人民法院依法作出人身安全保护令的，复议期间不停止人身安全保护令的执行。

【法律依据】

《中华人民共和国反家庭暴力法》（2015年12月27日）

第三十一条　申请人对驳回申请不服或者被申请人对人身安全保护令不服的，可以自裁定生效之日起五日内向作出裁定的人民法院申请复议一次。人民法院依法作出人身安全保护令的，复议期间不停止人身安全保护令的执行。

4. **申请书**（申请撤销/变更/延长人身安全保护令用）

申请书

申请人：×××，男/女，××××年××月××日出生，×族，……（写明工作单位和职务或者职业），住……。联系方式：……。

法定代理人/指定代理人：×××，……。

委托诉讼代理人：×××，……。

被申请人：×××，……。

……

（以上写明当事人和其他诉讼参加人的姓名或者名称等基本信息）

请求事项：

（请求撤销的，写明：）

撤销你院（××××）……民保令……号人身安全保护令民事裁定。

（请求变更的，写明：）

1. 撤销你院（××××）……民保令……号人身安全保护令民事裁定第×项；

2. ……（写明变更的人身安全保护令的措施）。

（请求延长的，写明延长人身安全保护令的措施和期限：）

延长……×个月。

事实和理由：

申请人×××与被申请人×××申请人身安全保护令一案，你院于××××年××月××日作出（××××）……民保令……号人身安全保护令裁定：……（写明裁定结果）。

……（写明申请人主张撤销/变更/延长的事实和理由）。

此致

××××人民法院

附：××××人民法院（××××）……民保令……号民事裁定书

申请人（签名或者盖章）

××××年××月××日

【说　明】

1. 本样式根据《中华人民共和国反家庭暴力法》第三十条制定，供申请人在人身安全保护令失效前，向作出人身安全保护令裁定的人民法院申请撤销、变更或者延长用。

2. 人身安全保护令的有效期不超过六个月，自作出之日起生效。人身安全保护令失效前，申请人可以申请撤销、变更或者延长。

【法律依据】

《中华人民共和国反家庭暴力法》（2015 年 12 月 27 日）

第三十条　人身安全保护令的有效期不超过六个月，自作出之日起生效。人身安全保护令失效前，人民法院可以根据申请人的申请撤销、变更或者延长。